E 3r

Karl R. Popper / Franz Kreuzer
Offene Gesellschaft – offenes Universum

SERIE PIPER
Band 476

Zu diesem Buch

In den Jahren 1979, 1981 und 1982 führte Franz Kreuzer mehrere Gespräche mit dem österreichischen Philosophen Sir Karl R. Popper. 1982 wurden die Texte dieser Gespräche aus Anlaß des 80. Geburtstages von Popper erstmals in Buchform veröffentlicht. Thema ist das gesamte Lebenswerk Poppers. Zunächst wird dabei der für Politik und Gesellschaftskritik relevante Teil seiner Philosophie in Erinnerung gebracht, der bereits 1919 zu einer Kritik am Marxismus und später am Historizismus führte. Erkenntnistheorie und Wissenschaftstheorie sind durchgehende Elemente der Popperschen Philosophie. Unter Einbeziehung der Evolutionstheorie und vor allem der evolutionären Erkenntnistheorie zeigt Popper einen Kosmos, in dem es keine Bestätigung von Wahrheiten, sondern nur Widerlegungen von Irrtümern gibt. Diese Auffassung der Welt, des Lebens und des menschlichen Geistes führt Popper zu einer eindrucksvollen Begründung von Toleranz: Nur wenn wir wissen, daß wir uns immer wieder irren können, werden wir lernen, bereit zu sein, die Meinung des anderen zu respektieren.

Sir Karl Raimund Popper, geboren 1902 in Wien, ist Professor (emeritus) für Logik und wissenschaftliche Methodenlehre an der Universität London, Mitglied der Royal Society, des Institut de France, der Accademia Nazionale dei Lincei und zahlreicher wissenschaftlicher Gesellschaften. Veröffentlichungen u.a.: Logik der Forschung; Die offene Gesellschaft und ihre Feinde; Das Elend des Historizismus; Objektive Erkenntnis; Die beiden Grundprobleme der Erkenntnistheorie; Das Ich und sein Gehirn (mit John C. Eccles) (Piper Verlag); Ausgangspunkte; Auf der Suche nach einer besseren Welt (Piper Verlag).
Franz Kreuzer, geboren 1929 in Wien, bis 1966 Reporter, Ressortchef und Chefredakteur der »Arbeiterzeitung«, bis 1974 Chefredakteur des aktuellen Dienstes beim ORF, bis 1978 Intendant des 2. Fernsehprogrammes, seit 1979 Chefredakteur, seit 1984 Informations-Intendant des ORF, 1986/87 österreichischer Bundesminister für Gesundheit und Umweltschutz, seither freier Publizist.

Karl R. Popper / Franz Kreuzer

OFFENE GESELLSCHAFT – OFFENES UNIVERSUM

Ein Gespräch über das Lebenswerk des Philosophen

Piper
München Zürich

Dieses Buch ist die gekürzte Ausgabe von »Offene Gesellschaft – offenes Universum. Franz Kreuzer im Gespräch mit Karl R. Popper«. Verwendet wurde die 3., von Karl R. Popper durchgesehene Auflage von 1983 ohne den dort ebenfalls veröffentlichten Vortrag »Duldsamkeit und intellektuelle Verantwortlichkeit«.

Von Karl R. Popper liegen in der Serie Piper außerdem vor:
Die Zukunft ist offen (mit Konrad Lorenz) (340)
Auf der Suche nach einer besseren Welt (699)
Das Ich und sein Gehirn (mit John C. Eccles) (1096)

Von Franz Kreuzer liegen in der Serie Piper außerdem vor:
Leben ist Lernen (mit Konrad Lorenz) (223)
Im Anfang war der Sinn (mit Viktor E. Frankl) (520)
Die Unsicherheit unserer Wirklichkeit (mit Paul Watzlawick) (742)

ISBN 3-492-10476-2
September 1986
2. Auflage, 9.–13. Tausend Februar 1992
Lizenzausgabe mit Genehmigung der
Franz Deuticke Verlagsgesellschaft, Wien
R. Piper GmbH & Co. KG, München

Umschlag: Federico Luci
Umschlagfoto: ORF
Gesamtherstellung: Clausen & Bosse, Leck
Printed in Germany

Kreuzer (K): Herr Professor Popper, Sie haben vor nicht allzu langer Zeit in einem Aufsatz *Wie ich die Philosophie sehe* einen bemerkenswerten Satz geschrieben: »Ich glaube, daß alle Menschen Philosophen sind, wenn auch manche mehr als andere.« Nun gehören Sie zweifellos zu den Menschen, die mehr Philosoph sind als andere. Aber ich glaube, es würde unsere Seher und Hörer vielleicht interessieren, könnten sie am Beginn des Gesprächs erfahren, warum sie, die Seher und Hörer, eigentlich Philosophen sind.

Popper (P): Ich glaube, daß jeder Mensch gewisse Einstellungen dem Leben gegenüber, dem Tod gegenüber entwickelt. Und das sind bereits philosophische Einstellungen – wenn auch gewöhnlich unkritische –, gute oder weniger gute Philosophien. Auch Erwartungen, was das Leben bieten soll, was man im Leben erreichen kann, sind im Grunde philosophische Einstellungen dem Leben gegenüber. In dem Sinne glaube ich wirklich, daß alle Menschen Philosophen sind.

K: Ich glaube, Ihr Satz hat auch Kritik zum Inhalt gehabt an jenen, die glauben, daß die Philosophen eine Elite sein sollten. Daß Philosophie Kuchen für die Vornehmen und nicht Brot für alle ist. War es auch so gemeint?

P: Ja, auch so. Ich glaube nicht an eine Elite, und ich glaube vor allem nicht, daß es eine philosophische Elite gibt in dem Sinne, daß die Berufsphilosophen eine besonders wichtige Gruppe in unserer Gesellschaft bilden. Das kommt mir gar nicht so vor.

K: Was ist nun die Hauptaufgabe des Berufsphilosophen zum Unterschied vom »Jedermann«-Philosophen, also dem Alltagsmenschen? Wir können hier vielleicht eine Bezeichnung für Ihre Philosophie vorwegnehmen: Man nennt sie »Kritischer Realismus«. Das hieße: Hauptaufgabe des Philosophen gegenüber der Gesellschaft ist, daß er die Menschen fähig macht, Kritik zu üben, zu verstehen, was Kritik ist, und dadurch Einsicht in die Realität der Welt und der Gesellschaftsordnung zu gewinnen.

P: Ja, ich bin der Berufsphilosophie gegenüber überhaupt skeptisch, und in demselben Aufsatz, den Sie eben erwähnt haben, sage ich auch, daß ich die Tatsache, daß ich Berufsphilosoph bin, oder, genauer, daß ich ein Berufsphilosoph war, als eine Art Vorwurf empfinde. Ein Vorwurf, dem gegenüber eine gewisse Verteidigung notwendig ist. Und ich glaube, daß die Verteidigung, die ich da anführe, keine allzu gute Verteidigung ist. Es ist die Aufgabe des Berufsphilosophen, die Dinge, die manche andere als selbstverständlich hinnehmen, kritisch zu untersuchen. Denn viele dieser Ansichten sind einfach Vorurteile, die unkritisch als selbstverständlich hingenommen werden, aber sehr oft einfach falsch sind. Um das herauszubekommen, braucht man vielleicht so etwas wie einen Berufsphilosophen, der sich Zeit zum kritischen Nachdenken nimmt.

K: Herr Professor, Sie bezeichnen manches, was Sie sagen und über sich sagen, als Verteidigung. Sie beziehen sich damit wohl auf die Apologie des Sokrates, die ja dem als Gedanke zugrunde liegt. Eine ganz große Apologie, eine »Selbstverteidigung«, nämlich die Selbstdarstellung Ihres Lebens, Ihre Biographie, ist unter dem Titel *Ausgangspunkte* in deutscher Übersetzung erschienen. Ein eher allgemeiner Titel – der englische lautet: *Unended Quest,* die niemals beendete oder niemals zu beendende Suche. Er bedeutet im wesentlichen: ein Ende, ein Ergebnis Ihres Lebens kann es nicht geben. Beginnen wir jedoch am Anfang. Wie glauben Sie, sind Sie dazu gekommen, mehr Philosoph zu werden als andere Menschen?

P: Ich wollte ja nie Philosoph werden, ich wollte nie Berufsphilosoph werden. Daß ich es geworden bin, ist gewissen äußeren Umständen zuzuschreiben – ich möchte nicht sagen zu verdanken. Mein ursprünglicher Plan, als ganz junger Mensch, etwa mit sechzehn, siebzehn ...

K: Das war im Ersten Weltkrieg?

P: Das war schon am Ende des Weltkrieges ... war, daß ich ein Landerziehungsheim gründen und dort Lehrer werden wollte. Das gab ich dann auf. Nämlich die Idee des Landerziehungsheimes, nicht die Idee des Lehrerwerdens.

K: Ihre Weltanschauung war damals eine durch und durch sozialistische, kurze Zeit auch marxistische, und wie Sie selber sagen, ganz kurze Zeit eine ausdrücklich kommunistische. Und dann, sagen Sie, sind Sie innerhalb eines einzigen Jahres zum Kritiker des Marxismus, des Kommunismus geworden, ja zum Antikommunisten. Da hat es ein ganz einschneidendes Erlebnis gegeben: 1919, den blutigen Zusammenstoß in der Hörlgasse.

P: Die Tatsache, daß bei diesem Zusammenstoß in der Hörlgasse eine Anzahl von jungen Leuten getötet wurde, hat mich dazu gebracht, über den Kommunismus kritisch nachzudenken. Natürlich habe ich gewußt, daß der Kommunismus dieser jungen Leute ziemlich unreif war, wie mein eigener Kommunismus. Aber was ich damals zum ersten Mal ganz klar gesehen habe, war: Der Marxismus in der damaligen Fassung behauptete, der Kapitalismus verlange jeden Tag mehr Opfer, mehr Menschenopfer, als die ganze soziale Revolution verlangen wird. Das war eine Behauptung, die auf sehr schwachen Füßen stand. Ich erkannte, daß man aus diesem Grund mit Menschenopfern sehr, sehr sparsam und vorsichtig umgehen muß; insbesondere, wenn die Opfer von anderen verlangt werden oder wenn man andere in die Situation führt, in der sie ihr Leben aufs Spiel setzen.

K: Sie haben zu diesem Punkt, zu diesem Schockerlebnis in der Hörlgasse, in einer Auseinandersetzung mit Marcuse einmal gesagt:

> ... denn die marxistische Theorie verlangt die Zuspitzung und Verschärfung des Klassenkampfes. Sie behauptet, daß wir um so schneller zum Sozialismus kommen, je mehr sich der Klassenkampf verschärft, daß die Revolution zwar Opfer fordert, aber daß der Kapitalismus täglich mehr Opfer fordert als die ganze sozialistische Revolution.

Dieser Fehler, Ihrer Meinung nach, ist Ihnen bei diesem Schockerlebnis zu Bewußtsein gekommen?

P: Daß man solche Sachen nicht behaupten darf, daß insbesondere die marxistische Theorie nicht wirklich die Grundlage dafür liefert, solche Dinge zu behaupten, und daß die marxistische Theorie selbst eine sehr fragwürdige Angelegenheit ist – alles das kam mir damals zu Bewußtsein, und insbesondere, daß ich diese marxistische Theorie und mit ihr diese ganze Einstellung aufgrund sehr oberflächlicher Studien akzeptiert hatte. Mir wurde damals klar, kurz vor meinem siebzehnten Geburtstag, wie unverantwortlich ich gehandelt hatte.

Was sich nicht widerlegen lassen will, sagt nichts, oder sehr wenig

K: Es ist ja etwas anderes sehr Bemerkenswertes aus Ihrer Biographie zu diesem Punkt herauszulesen: Aufgrund dieses Erlebnisses haben Sie sich – weil Sie eben nicht einer dieser isolierten Intellektuellen sein wollten, die den anderen die Revolution anschaffen – entschlossen, physisch zu arbeiten und ein Handwerk zu erlernen.

P: Ich habe mich gegen die Idee gesträubt, daß wir jungen Leute, wir zukünftigen Intellektuellen, die zukünftigen Führer der Arbeiterschaft sein sollen. Was waren wir denn schon, was haben wir denn gewußt, und was war denn die Grundlage für einen solchen Anspruch? Und so habe ich mich damals entschlossen – ein Entschluß, den ich dann aber nicht durchgeführt habe –, selbst körperliche Arbeit zu leisten und Arbeiter zu werden.

K: Eine Zeitlang haben Sie beim Straßenbau gearbeitet. Und dann haben Sie bei einem Kunsttischler das Tischlerhandwerk erlernt, über zwei Jahre lang ...

P: Ja. Nebenbei habe ich daran gedacht, daß, falls es je zu einem Landerziehungsheim kommen sollte oder etwas Ähnlichem, diese Tischlerei nützlich wäre.

K: Herr Professor, in der Zeit, in der Sie versucht haben, physisch zu arbeiten, in der Sie ein Handwerk erlernt haben, ist Ihre geistige Entwicklung nicht stehengeblieben. Sie haben als Studierender an der Hochschule die Matura nachgeholt, und Sie haben die ganze Zeit über studiert und nachgedacht. Unter anderem fällt in Ihrer Biographie auf, daß das Jahr 1919 für Sie insbesondere in geistiger und philosophischer Beziehung von ganz großer Bedeutung ist, ein Jahr, in dem Ihnen nämlich gleichzeitig die Fragwürdigkeit von Marxismus und Psychoanalyse einerseits und die hohe Wissenschaftlichkeit der Einsteinschen Relativitätstheorie zu Bewußtsein gekommen ist; und der wissenschaftliche Gegensatz zwischen offenen und geschlossenen wissenschaftlichen Systemen.

P: Ja, das ist richtig. Das war alles mehr oder weniger im Zusammenhang mit dieser kritischen Einstellung dem Marxismus gegenüber. Mir wurde mehr und mehr klar, daß die Basis dieser Ideologie sehr zweifelhaft ist, mir wurde sogar klar, daß – auch wenn der Marxismus eine Wissenschaft wäre, wie die Marxisten damals behauptet haben – die Wissenschaft an und für sich nicht so sicher ist, daß man aufgrund der Wissenschaft solche Dinge wie das notwendige Kommen des Sozialismus, also das notwendige Kommen einer besseren Welt auf Erden, prophezeien kann. Und in diesem Zusammenhang habe ich über die Frage nachgedacht, was denn den Wissenschaftscharakter eigentlich ausmacht, den Wissenschaftscharakter irgendeines Systems. Und in diesem Zusammenhang wurde mir klar, daß der empirisch-wissenschaftliche Charakter eines Systems damit zusammenhängt, daß es möglich ist, dieses System durch mögliche Tatsachen zu widerlegen.

K: Das heißt: Ein politisches, ein philosophisches, ein geistiges System, das sich selber versiegelt, das sich selber unwiderlegbar macht, ist kein wissenschaftliches und, wenn ich Ihre Überzeugung richtig verstehe, auch ein gefährliches. Und das gilt für den Marxismus und für die Psychoanalyse.

P: Für den Marxismus, die Psychoanalyse und natürlich auch für andere Formen der Psychoanalyse, zum Beispiel die Adlersche Individualpsychologie.

K: Vielleicht am Beispiel der Psychoanalyse erklärt: Wer die Thesen der Psychoanalyse nicht anerkennt, von dem sagt die Psychoanalyse, daß er etwas verdrängt, und damit wird die Widerlegung zur Bestätigung, und das System wird unwiderlegbar.

P: Ja, das ist *eine* Sache. Was noch wichtiger ist: Die Psychoanalyse schließt kein mögliches Verhalten von Menschen aus.

Sie sagt nicht, es sei unter gewissen Umständen unmöglich, daß ein Mensch das eine oder das andere tut. Daher wird, was immer ein Mensch tut, zu einer Bestätigung der psychoanalytischen Theorie. Wenn ein Mensch also ins Wasser springt, um ein Kind zu retten und dabei sein eigenes Leben riskiert und vielleicht verliert, so ist das psychoanalytisch ebensogut erklärbar, wie wenn dieser Mensch ein Kind ins Wasser wirft, um es umzubringen.

K: Und einen ähnlichen Selbstbestätigungsmechanismus haben Sie auch im Marxismus gesehen. Ein Beispiel: Die Widerlegung der marxistischen Grundthese durch die russische Revolution ist ja nicht als Widerlegung akzeptiert worden, sondern umgedeutet, neugedeutet worden ...

P: Man müßte das schon erklären, in welcher Weise der Marxismus durch die russische Revolution widerlegt wurde: Der Marxismus behauptet, daß der kausale Ablauf jeder gesellschaftlichen Veränderung mit den Veränderungen der Produktionsmittel beginnt. Die geänderten Produktionsmittel führen dazu, daß die Beziehungen zwischen den Menschen sich ebenfalls ändern, und schließlich dazu, daß sich das Herrschaftssystem in der Gesellschaft ändert. Und als letztes ändern sich die Ideen in der Gesellschaft: die Gedanken der Menschen, die Ideologien. Die russische Revolution hat gezeigt, daß genau das Umgekehrte vorkommen kann. Nämlich eine bestimmte Idee, zum Beispiel die Idee, daß der Sozialismus aus der Diktatur des Proletariats plus Elektrifizierung besteht – der leitende Gedanke von Lenin –, daß eine solche Idee von oben herab die Gesellschaft ändern und dann natürlich auch die Produktionsmittel ändern kann. In Rußland kam die Elektrifizierung nicht von unten, sie wurde durchgesetzt von oben, und zwar von der Regierung aufgrund gewisser ideologischer Ansichten, also von Ideen. Das ist offenbar eine Widerlegung der marxistischen Theorie, aber es wurde von den Marxisten natürlich nicht als solche empfunden – im Gegenteil: Sie behaupteten, daß die russische Revolution eine marxistische Revolution ist und vom Marxismus vorausgesehen war.

K: Ein Beispiel für die Selbstversiegelung einer Theorie,

die sich selber unwiderlegbar macht – und das ist Ihrer Meinung nach das Kennzeichen der unwissenschaftlichen und auch schädlichen Theorie oder Ideologie?

P: Ja, ich meine, sie ist schädlich – manchmal direkt und manchmal eben dadurch, daß sie sich aus der Kritik herausnimmt, sich gegen alle Kritik versiegelt, wie Sie es nennen. Man könnte sagen, daß in einer solchen Theorie die Theorie mit eingebaut ist, sie sei unwiderlegbar. Besonders deutlich ist das in der psychoanalytischen Einstellung der Kritik gegenüber, nämlich daß die Kritik psychoanalysiert werden muß oder der Kritiker psychoanalysiert werden muß und daß das dann eine hinreichende Antwort auf jede Kritik ist.

K: Und eben in derselben Zeit, nämlich 1919, haben Sie genau das Umgekehrte, nämlich die Wissenschaftlichkeit einer Theorie, an der Relativitätstheorie studieren können ...

P: Einstein hat versucht, jene Fälle herauszuarbeiten, die von einem kritischen Standpunkt aus seine Theorie widerlegen könnten. Und er hat auch gesagt: Wenn diese Dinge beobachtet werden könnten, würde er die Theorie sofort fallenlassen. Es ist das die einzig mögliche Art, experimentelle Bestätigungen einer Theorie zu bekommen, daß man sich überlegt, wie man zeigen könnte, daß die Theorie falsch ist, und dann versucht, diese Situation zu realisieren. Und wenn man sie nicht, mit bestem Willen nicht, realisieren kann, dann und nur dann kann der mißglückte Versuch, die Theorie zu widerlegen, als eine Bestätigung betrachtet werden – aber niemals als eine endgültige Bestätigung.

K: Und 1919 war nun die große Gelegenheit, Einstein zu widerlegen, anläßlich der totalen Sonnenfinsternis, bei der die technische Möglichkeit gegeben war, die Beugung des Lichtes zu überprüfen, die Ablenkung des Lichtes durch die Masse der Sonne.

P: Ja, durch die Sonnenmasse. Das war diese berühmte Expedition, die Eddington organisiert hat und die vor allem deswegen einen großen Eindruck gemacht hat, weil die deutschen Wissenschaftler in dieser Zeit – und Einstein war damals ein deutscher Wissenschaftler – vom Standpunkt der Alliierten aus sozusagen verfemt waren. Sie waren mit einem gewissen Recht verfemt, denn sehr viele von ihnen hatten den Krieg, den Ersten Weltkrieg, mit großer Begeisterung begrüßt, und auch unterstützt, und die meisten hatten sich nicht allzugut benommen; Einstein war einer der wenigen – es gab auch andere –, die gegen den Krieg waren ...

K: Und das Sonnenexperiment ergab nun, daß die Einsteinsche Theorie nicht widerlegt wurde. Ich vermeide das Wort bestätigt, denn das hören Sie nicht gern ...

P: Bestätigt ist nicht so schlimm, aber bewiesen ...

K: ... denn sie meinen, daß es einen absoluten Beweis einer Theorie nicht geben kann, wohl aber die Widerlegung. In diesem Fall war es die *Nicht*widerlegung, die Sie beeindruckte?

P: Was mich hauptsächlich beeindruckte, war nicht sosehr die Nichtwiderlegung, obzwar die sicher sehr eindrucksvoll war, sondern die Tatsache, daß sich hier eine Theorie aufs äußerste exponierte, sozusagen eine Widerlegung verlangte, und daß die Widerlegung nicht stattfand.

Wer soll herrschen? – Die falsche Frage

K: Das heißt, noch einmal zusammengefaßt: Das Erlebnis der Enttäuschung über die russische Revolution und das Erlebnis dieser Nichtwiderlegung des Einsteinschen Systems waren im Jahr 1919 die Wurzeln Ihrer Lebensphilosophie, die Sie dann in den nächsten Jahrzehnten auf verschiedensten Gebieten, aber auch auf dem Gebiet der Geschichte, der Gesellschaft, der Politik, durch wichtige Bücher – ich zitiere hier die *Offene Gesellschaft und ihre Feinde* und *Das Elend des Historizismus* – veröffentlicht haben. Darf ich Sie nun vielleicht bitten, Ihren Hauptgedanken, den von Sokrates ausgehenden Gedanken einer durchgehenden Kritik an den Philosophen seit Platon, zusammenfassend darzustellen.

P: Sie erwähnen Sokrates. Das Wichtige ist die Sokratische Einsicht, daß wir sehr wenig wissen, oder wie Sokrates sagt, nichts wissen; er sagt, in Kürze: »Ich weiß, daß ich nichts weiß, und kaum das.« Die Sokratische Einstellung scheint mir ganz besonders wichtig zu sein, gerade heute wieder. Es ist meiner

Meinung nach überaus wichtig, daß die Intellektuellen endlich jede Art von intellektueller Anmaßung aufgeben.

K: Und die begann mit Platon.

P: Na ja, ich weiß nicht genau, wann sie begann, aber sicher ist sie bei Platon manchmal sehr deutlich. Die Apologie des Sokrates ist auch ein Werk von Platon, und er hat bestimmt die Einstellung von Sokrates interessant gefunden. Seine eigene Einstellung hat sich aber davon unterschieden. Am besten sieht man das vielleicht, wenn man die beiden, nämlich Sokrates und Platon, in ihrer Einstellung zum Politiker vergleicht. Sokrates wollte, daß nur ein weiser Mann ein Staatsmann sein soll. Er wollte, daß die Politiker weise sind, in dem Sinne, daß sie verstehen: Der Mensch hat Grenzen, insbesondere die Grenzen seines Wissens. Also Weisheit besteht in der Realisierung seiner Grenzen, im Verständnis seiner eigenen Grenzen – und besonders seiner Unwissenheit. Bei Platon wird das umgedreht. Auch Platon sagt, daß der Staatsmann weise sein soll. Aber hier meint er mit »Weisheit« nicht das Verständnis seines Nichtwissens, sondern er meint, daß der Politiker gelehrt sein soll – ein gelehrter Dialektiker. Und das ist natürlich etwas ganz anderes. Bei Platon heißt es, die Staatsmänner sollen Philosophen werden, gelehrte Philosophen, die eine Elite bilden.

K: ... und eine Elite bilden, die sich natürlich nicht widerlegen oder ablösen läßt, sondern die durch diese Philosopheneigenschaft möglichst unabsetzbar, unwiderlegbar ist.

P: Ja. Eine Art diktatorische Elite, eine herrschende Clique.

K: Und von diesem Grundgedanken meinen Sie, daß er seit Platon einen ganz großen Teil der geschichts- und gesellschaftsbezogenen Philosophie vergiftet hat ...

P: Ja. Platon hat eine Fragestellung für die Philosophie der Politik aufgebracht, die bis heute noch immer nicht fallengelassen wurde, nämlich die Frage: »Wer soll herrschen?« als die Grundfrage der Politik. Und die Antworten auf diese Frage, die traditionellen Antworten, sind: die Weisesten, die Besten, die Unbestechlichsten, eventuell die rassisch Besten – oder ähnliche Antworten. Auch die Antwort: »Das Volk soll herrschen« scheint mir verfehlt zu sein, weil eben die Frage verfehlt ist.

K: Sie haben kürzlich in einer Rede sehr klar gesagt, wie man es halten sollte. Nicht die Frage stellen: »Wer soll herrschen?«, sondern die Frage – ich zitiere:

> Was können wir tun, um unsere politischen Institutionen so zu gestalten, daß schlechte oder untüchtige Herrscher, die wir natürlich zu vermeiden suchen, aber trotzdem nur allzu leicht bekommen können, möglichst geringen Schaden anrichten und daß wir untüchtige Herrscher ohne Blutvergießen loswerden können?

P: Ja, das scheint mir die Grundfrage zu sein. Die Grundfrage der ganzen Politik, eine kritische und bescheidene Grundfrage und eine Frage, auf die man dann eine Theorie der Demokratie errichten kann, während man auf die Idee der Souveränität, auch der Volkssouveränität, keine Theorie der Demokratie errichten kann, nämlich keine widerspruchsfreie Theorie.

Das Elend der Phantasielosigkeit

K: Herr Professor, wir kommen auf das sicher noch zurück. Darf ich aber im Zuge Ihrer Kritik Hegel erwähnen. Gegen diesen richtet sich Ihr Vorwurf ja im besonderen.

P: Ja. Und zwar nicht so sehr wegen seiner Lehren, sondern weil er durch die anspruchsvolle und dunkle Formulierung seiner prätentiösen Lehren der angeblichen Weisheit Tür und Tor geöffnet hat, also den großen Worten und, um es kurz zu sagen, dem Schwindel. Einem Schwindel, dessen sich natürlich die Leute, die da mitmachen, nicht bewußt sind, weil sie ja gelernt haben, daß Hegel großartig ist und daß man eben in dieser Weise sprechen soll.

K: Hegel hat ja auch, in Ihrem Sinn gesprochen, eine sich selbst versiegelnde Geschichtsphilosophie geboten, eine Geschichte, die sich in These, Antithese und Synthese spiralartig fortbewegt und die man in dem Sinn auch nicht widerlegen kann. Es wurzelt bei Hegel, in Ihrer Sicht der Dinge, doch auch das, was Sie Historizismus nennen. Überhaupt die Sicht der Geschichte, die einen Sinn der Geschichte, ein Ziel der Geschichte sucht und damit eine bestimmte Politik rechtfertigt.

P: Ja. Meiner Meinung nach hat es Sinn, daß wir in die Geschichte etwas hineintragen, nämlich unsere moralischen Ideen. Wir können der Geschichte einen Sinn eventuell aufzwingen: Zum Beispiel wäre es durchaus sinnvoll, die Geschichte jetzt so zu lenken, daß Kriege vermieden werden. Das ist natürlich besonders klar angesichts der gegenwärtigen Rüstungssituation, der Atomwaffen und ähnlichem, und das wäre eine Art von Sinngebung der Geschichte, im Gegensatz zu diesen Hegelschen und teilweise auch marxistischen Ideen, daß die Geschichte ihren eigenen Sinn *hat* – auch ohne daß wir diesen Sinn erst in die Geschichte hineintragen.

K: Es hat ja seither viele Historizismen gegeben, etwa den pessimistischen Historizismus von Spengler und Toynbee, der vor allem die Analogie des individuellen Lebens auf die Geschichte anwendet und daher Kulturen, Völkern, Rassen den Tod voraussagt, oder optimistische Historizismen, die ganz großen Fortschritt, ewiges Wachstum erwarten lassen. In unserer Zeit beeindruckt uns zum Beispiel die Voraussage des Club of Rome, die eine sehr pessimistische ist. Sie lehnen alle diese Historizismen, diese Suche nach unvermeidlichen Tendenzen in der Geschichte, grundsätzlich ab?

P: Ich halte das alles für falsch. Obzwar man natürlich immerfort daran denken muß, was in der Zukunft geschehen kann, sind meiner Meinung nach der Möglichkeiten so viele, daß direkte Prognosen unmöglich werden. Die Zukunft ist viel offener, als alle diese Leute annehmen.

K: Mich hat der Satz aus Ihrem Buch *Das Elend des Historizismus* sehr beeindruckt, in dem Sie sagen:

> Das Elend des Historizismus, so könnte man sagen, ist das Elend der Phantasielosigkeit. Der Historizist kritisiert unaufhörlich jene kleinen Geister, die sich einen Wandel ihrer Welt nicht vorstellen können, in Wirklichkeit scheint aber dem Historizisten selbst die Phantasie abzugehen, denn er kann sich keinen Wandel in den Bedingungen des Wandels vorstellen.

Ist das auch eine aktuelle Kritik?

P: Natürlich. Ich meine, die Dinge ändern sich in einer Weise, die wir nicht voraussehen können. Wir müssen natürlich dauernd versuchen, die verschiedenen Möglichkeiten, wenigstens der nächsten Zukunft, ins Auge zu fassen, um eben diesen Möglichkeiten gegenüber Stellung zu nehmen und sie zu beeinflussen. Wir können selbst etwas zur Zukunft dazutun. Vielleicht nicht sehr viel, aber doch einiges – und wir haben schon einiges in der Richtung getan. Also aus diesem Grund scheint es mir besonders wichtig, festzustellen, daß wir nicht Pessimisten sein dürfen. Es hat gar keinen Sinn zu sagen: Alles ist schlecht. Die wirkliche Fragestellung ist: Was können wir tun, um es vielleicht nur ein kleines bißchen besser zu machen? Vielleicht können wir sehr wenig tun. Aber was wir tun können, sollen wir tun. Das ist natürlich eine Einstellung, die den Pessimismus ausschließt. Jeder kennt das Gebot »Du sollst nicht töten«. Wir sollten hinzufügen: »Und Du sollst keine Mordwaffen exportieren.«

Unsere Hypothesen sterben für uns

K: Herr Professor, Ihr Grundmotiv ist Pazifismus. Andererseits wenden Sie konsequent die Evolutionstheorie des Darwinismus auf die gesellschaftlichen Bereiche an. Das ist eine sehr harte Sicht der Dinge, eine kämpferische. Man sucht nach einer Erklärung für diesen scheinbaren Widerspruch. Finde ich diese Erklärung in dem Doppelinterview, das mit Ihnen und Marcuse vor Jahren durchgeführt wurde? Ich zitiere, was Sie damals sagten:

> Eine Hypothese kann mit einer Mutation verglichen werden. Statt neue Mutationen hervorzubringen, bringen die Menschen manchmal neue Hypothesen oder Theorien hervor. Wenn die Menschen unkritisch sind, so werden die Träger der unangepaßten oder schlechten Hypothesen ausgemerzt. Aber die vernünftige kritische Diskussion ermöglicht es uns, unsere Hypothesen zu kritisieren und als falsch zu eliminieren, ohne die Erfinder oder Repräsentanten der schlechten Hypothesen zu vernichten. Das ist

die große Errungenschaft der kritischen Methode – sie ermöglicht es, Hypothesen als verfehlt zu erkennen und zu verurteilen, ohne ihre Träger zu verurteilen. Die Methode der kritischen Diskussion läßt unsere Hypothesen für uns sterben.

P: Was Sie hier zeigen, ist die Anwendung des Darwinismus auf die Produkte unseres Denkens. Also auf unsere Hypothesen.

K: Auf den geistigen Bereich der Welt.

P: Ja. Auf den geistigen Bereich der Welt. – Theorien spielen eine ungeheure Rolle in unserem Leben, auch in der Politik, überall, auch in der Gesellschaft, überall. Wir arbeiten eigentlich die ganze Zeit mit Theorien, aber die Theorien sind unsicher, so wie das Leben unsicher ist. Sie haben ganz recht, daß etwas, wenn Sie wollen, Darwinistisch-Kämpferisches in meiner Philosophie enthalten ist. Und Sie haben auch ganz recht, daß das mit meinem Pazifismus vereinbar ist, und genau wegen dieser Einstellung, die Sie hier besprochen haben. – Der größte und wichtigste Fortschritt, der in der Entwicklung des Menschen erzielt wurde, der den Menschen zum Menschen machte, ist, glaube ich, die Entwicklung der Sprache. Die Entwicklung der Sprache ist es, die es erlaubt, die Hypothesen außerhalb von uns hinzustellen. Bis zur Entwicklung der Sprache ist der Träger einer Hypothese mehr oder weniger identisch mit der Hypothese, so wie der Träger unserer Augen und Ohren mehr oder weniger identisch ist mit dem System, zu dem die Augen und Ohren gehören. Aber mit der Entwicklung der Sprache wird es möglich, unsere Hypothesen aus uns herauszustellen und vor uns hinzustellen. Und dadurch wird es möglich, daß wir die Hypothesen kritisieren; gegen Hypothesen kämpfen und eventuell die Hypothesen umbringen, statt daß wir einander umbringen.

K: Aber das heißt in der politischen Anwendung doch: Die Demokratie ist ein System der politischen Stärke. Denn die politische Stärke ist es, die einer Regierung ermöglicht, sich der Widerlegung auszusetzen, sich der Kritik zu stellen. Ein System der politischen Schwäche versucht, die Kritik zu vermeiden und der Widerlegung zu entgehen.

P: Gewöhnlich wird unter der Stärke einer Regierung verstanden, daß die Regierung das, woran sie glaubt, durchsetzen kann – unter allen Bedingungen. Während meiner Meinung nach die Hauptsache für eine Regierung ist, sich dessen bewußt zu sein, daß sie zwar ein Programm hat, daß dieses Programm jedoch unter Umständen zu ungewollten Nebenerscheinungen führen kann und daß es aus diesem Grund sehr wichtig ist, den eigenen Maßnahmen gegenüber überaus kritisch eingestellt zu sein und sich dauernd zu fragen: Was ist denn wirklich der Erfolg dessen, was wir getan haben? Haben wir nicht vielleicht doch etwas getan, was Schaden verursacht und zu Folgen führt, die wir nie wollten?

K: Also ein gutes System ist imstande, seine Fehler auszumerzen...

P: Ein gutes System sollte dauernd auf der Wacht sein gegenüber den Fehlern, die es macht, weil wir ja immer zuwenig wissen und deshalb immer Fehler machen. Es sollte einerseits mit einer gewissen Kühnheit arbeiten, andererseits aber auch wissen, daß diese Kühnheit darin besteht, daß es Risiken eingeht. Daher sollte es so schnell wie möglich Fehler entdecken, um aus diesen Fehlern zu lernen und die Fehler zu korrigieren, statt die Fehler zuzudecken oder zu Nicht-Fehlern zu erklären – oder sogar als Erfolge zu erklären, wie es nur allzuleicht gerade auch eine »starke« Regierung tun wird.

K: Das heißt, die Bereitschaft zum Irrtum und die Bereitschaft zum Einbekenntnis des Irrtums sind politische Tugenden...

P: Ja. Irrtümer sind nicht zu vermeiden. Das Wichtige ist, daß wir aus den Irrtümern lernen.

K: Mir kommt es vor allem auch darauf an, herauszufinden, inwiefern hinter Ihrem betonten Kritizismus anarchistische Tendenzen stehen. Gehe ich richtig in der Annahme, daß Sie meinen: Eine Regierung, die die Kritik sucht, die sich der Kritik stellt, wird dadurch – ich möchte das Wort »stärker« nicht noch einmal gebrauchen – wirksamer, besser, richtiger?

P: Vielleicht könnte man sagen, daß sie dadurch fruchtbarer sein wird. Das könnte man wohl sagen. – »Anarchismus« bedeutet »Regierungslosigkeit«. Jeder, der für die Freiheit ist, muß dafür sein, sowenig regiert zu werden und sowenig Regierung zu haben wie möglich; also sich der Regierungslosigkeit, dem Anarchismus, anzunähern. Der Anarchismus ist eine Art Übertreibung der Idee der Freiheit. Und wenn Sie da von einer starken Regierung sprechen, so liegt hier wahrscheinlich ein wirklicher Gegensatz zwischen uns vor, denn ich bin ja der Ansicht, daß die Idee der Freiheit verlangt, daß sowenig wie möglich geherrscht werden und regiert werden soll. Sowenig wie möglich und sowenig, wie mit unseren Ideen der Gerechtigkeit und mit unseren Ideen der Gleichheit und der Freiheit vereinbar ist. Kant war der Auffassung, die rationale Grundlage des Staates bestehe darin, daß die Freiheit eines jeden einzelnen beschränkt werden muß, wenn wir zusammenleben wollen. Aber sie soll so wenig wie möglich beschränkt werden. Gültige Beschränkungen sollen soweit wie möglich gleich verteilt werden. Das könnte man sogar als eine Art Anarchismus bezeichnen, aber es ist natürlich kein Anarchismus, denn es wird verlangt, daß ein Staat da ist, der verhindert, daß der individuelle Mensch einen anderen Menschen einseitig in seiner Freiheit beschränkt. Eine sehr hübsche Formulierung, die, glaube ich, aus Amerika stammt, ist: Jemand, der einen anderen niedergeschlagen hat, sagt, er habe nur seine Fäuste frei bewegt. Der Richter aber sagt: »Die Freiheit der Bewegung deiner Fäuste ist durch die Nase deines Nachbarn beschränkt.«

Sisyphus und das Glück

K: Wenn ich meine Frage präzisieren darf: Ich verstehe unter der Stärke einer Regierung die Fähigkeit, mit diesem doppelten Problem fertigzuwerden – Wirksamkeit mit der maximalen Respektierung der persönlichen Freiheit zu verbinden. So habe ich Stärke gemeint. – Herr Professor, eine andere Frage: Sie empfehlen ein gesellschaftlich-politisch-geistiges System der Versuche und Widerlegungen, der Bescheidenheit, der Kritik. Sie wenden sich gegen jede Form des Historizismus, wie Sie es nennen, der Prophetie, sowohl der positiven Prophetie in Form der Versprechung eines Paradieses wie auch der negativen Prophetie, der Inaussichtstellung einer Apokalypse. Sind die Menschen dazu fähig? Die Menschen im einzelnen und in ihrem gesellschaftlichen Zusammenhang? Können die Menschen ohne die Vorstellung von Paradiesen und Höllen leben? Können sie so auskommen, wie Sie es ihnen empfehlen, oder empfehlen Sie einen geistigen Puritanismus, dem die Menschen nicht gewachsen sind?

P: Das ist sicher eine sehr ernste Frage, aber ich bin einer der letzten Nachzügler der Aufklärung. Die Grundidee der Aufklärung ist, daß wir die Wahrheit nicht fürchten sollen – auch nicht im Sinne Ihrer Frage. Wir müssen tolerant sein, insbesondere tolerant ethischen und religiösen Ideen gegenüber. Es kommt mir vor, daß die Menschen mehr und mehr sehen, daß ihre eigenen Taten und ihre eigenen Werke einen, wenn auch geringen, Einfluß auf die Zukunft haben können. Daß das, was sie hoffen und wünschen, auch von Einfluß auf die Zukunft sein kann. So könnte auch dieses Bewußtsein den Ausfall eines sicheren kommenden Paradieses ersetzen – bis zu einem gewissen Grad.

K: Der Mensch muß also imstande sein zu ertragen, daß seine immerwährenden Versuche immer wieder widerlegt werden oder daß er selbst sie widerlegt. Das ist, wenn man in den Mythos zurückgeht, das Bild des Sisyphus, der den Stein immer wieder hinaufrollt und der erdulden muß, daß er immer wieder zurückrollt. Camus ist in einem Essay zu diesem Thema zu der Schlußfolgerung gekommen: »Wir müssen uns Sisyphus glücklich denken.« Können Sie, Herr Professor, sich im Sinne Ihrer Lehre Sisyphus glücklich denken?

P: Sicher.

K: Noch dazu, da *Ihr* Sisyphus ja immer ein Stück weiterkommt ...

P: Solange wir etwas tun können, was uns wenigstens einen Beitrag zu einer Verbesserung verspricht, auch wenn diese Verbesserungen von Zeit zu Zeit wieder zerstört werden sollten, wogegen wir natürlich ankämpfen sollen und können. Ein solches Bild des Lebens kommt mir durchaus akzeptabel vor, und ich glaube, daß die Menschen mit einem so verstandenen Bild des Sisyphus sich recht gut abfinden können.

Beweise gibt es nicht – Widerlegungen gibt es

K: Herr Professor, der politisch-historisch-gesellschaftliche Teil Ihrer Philosophie verhält sich, auch was die Bekanntheit anbelangt, zu Ihrer Gesamtphilosophie wie der sichtbare zum unsichtbaren Teil eines Eisbergs. Wenn wir uns jetzt Ihrer Gesamtphilosophie zuwenden, müssen wir wiederum – ausgehend von Ihrer Autobiographie – auf Ihre Lebensgeschichte zurückgehen. Ihre politisch-geschichtliche Biographie hat mit dem Weltkrieg und insbesondere mit dem Jahre 1919 begonnen. Wenn man nun nach der Entstehung Ihres gesamten Weltbildes fragt, muß man auf 1902, das Jahr Ihrer Geburt zurückgehen. Und hierbei muß man wiederum nach Ihrem Elternhaus fragen. Dieses Elternhaus war ja von großer Bedeutung für das, was Sie geworden sind. Vielleicht könnten Sie auch von Ihrem Vater sprechen, von seinem Arbeitszimmer, seinen Büchern. Das alles hat Sie ja tief beeindruckt während Ihrer Kindheit.

P: Ja, das ist etwas schwierig, wenn ich darauf zurückgehen soll ... Mein Vater hat sehr viel gearbeitet, sowohl in seinem Beruf wie auch außerhalb. Er hat auch sehr viel gelesen, hauptsächlich Geschichte. Er hat eine große Bibliothek gehabt, die auf mich, schon bevor ich lesen konnte, großen Eindruck gemacht hat – mit einer Stiege mit Geländer, die zu den höheren Regalen der Bibliothek geführt hat. Er war ein besonders toleranter Mensch, und er hatte einen sprühenden Humor.

K: Er war Satiriker ...

P: Er war auch Satiriker. Er war Dichter, hat aber nicht nur Gedichte geschrieben, sondern auch Dramen und Romane. Sie sind alle unveröffentlicht geblieben.

K: Er war Freimaurer und ein liberal denkender Mensch.

P: Ja, er war Meister vom Stuhl der Loge »Humanitas«. Aber ich muß sagen, die Freimaurerei hat mich nie interessiert.

K: Aber das geistige Klima, das in der Familie entstand, hat Sie doch bestimmt ...

P: Das hat mich sicher sehr stark beeinflußt. Auch die Musikalität meiner Mutter.

K: In welchem Alter haben Sie sich zum ersten Mal mit den

Grundfragen der Philosophie, die dann Ihre Wissenschaftslehre bestimmt haben, auseinandergesetzt?

P: Die Grundfragen, nämlich die Frage nach dem Wissenschaftscharakter von Theorien und die Frage nach der Sicherheit oder Unsicherheit von wissenschaftlichen Behauptungen, das kam alles im Zusammenhang mit dem Marximus und meiner kritischen Einstellung dem Marxismus gegenüber.

K: Also eine Entwicklung von der politischen Philosophie zur allgemeinen?

P: Ja, das war im Alter von siebzehn Jahren, im Jahre 1919.

K: Darf ich in einer Frage vorwegnehmen, was mir der Zusammenhang Ihrer wissenschaftlichen Hauptthesen zu sein scheint. Sie haben versucht – oder es ist Ihnen gelungen-, die Wissenschaftstheorie auf den Kopf oder, wenn man Ihnen folgt, vom Kopf auf die Füße zu stellen. Sie haben der Vorstellung, daß sich Wissen durch Induktion, nämlich durch Hinführung vom Besonderen zum Allgemeinen, bildet, die These entgegengesetzt, daß sich Wissenschaft nur durch Deduktion, durch Ableitung vom Allgemeinen zum Besonderen ergibt. Und Sie haben das psychologisch und evolutionstheoretisch begründet. Ihr Deduktionismus bezeugt allgemein, daß Wissenschaft niemals bewiesen oder bestätigt, bewahrheitet, verifiziert werden kann, sondern daß es eigentlich nur möglich ist, unrichtige Theorien zu falsifizieren, nämlich zu widerlegen.

P: Die Situation ist die: Die Theorie kommt vor der Beobachtung. Die Theorie kann zwar durch Beobachtungen beeinflußt werden. Am Beispiel des neugeborenen Kindes: Es erwartet, daß es gehegt und gepflegt und gefüttert wird. Damit meine ich natürlich nicht, daß es sich das bewußt erwartet, aber der Organismus ist darauf eingestellt, der Organismus erwartet es, und diese Erwartung des Organismus, also die unbewußte, unformulierte Erwartung, geht zweifellos der bewußten und sprachlich formulierten Erwartung voraus. Und Erwartungen entsprechen auf dem Gebiet des sprachlich Formulierten Theorien, Hypothesen, Prognosen. Das heißt mit anderen Worten, die biologische Funktion einer Erwartung entspricht fast genau der biologischen Funktion einer Theorie. Natürlich hat eine Theorie auch andere Funktionen.

K: Sie selbst reduzieren Ihre Theorien ins Biologische. Das ist ja auch notwendig; denn geht man davon aus, daß jeder Theorie und ihrer Ableitung eine andere vorausgeht, kommt man ins Kindesalter zurück, oder in der Menschheitsgeschichte in jene Zeit, in der die Menschen noch gar keine Theorien haben konnten. Man kommt daher ins Hirnphysiologische, man kommt zum vorkulturellen Teil der Evolution und findet dort das Prinzip der Deduktion im Vor-Geistigen fortgesetzt.

P: Das ist richtig, wenn auch sehr kurz zusammengefaßt. Die Situation ist wirklich die: Jede Theorie ist eine Modifikation einer vorhergehenden Theorie. Die Modifikation mag mit Beobachtung oder mit anderen Vorgängen zusammenhängen, gewöhnlich hängt sie mit Erwartungstäuschungen zusammen oder Erwartungsenttäuschungen. Eine Erwartung, also eine Theorie, wird enttäuscht und deshalb abgeändert. Ich habe manchmal von einem Horizont von Erwartungen gesprochen und daß in diesem Horizont dann gewisse Katastrophen entstehen, die zu einer Umwandlung und Neubildung des Horizonts führen. Das braucht vielleicht ein bißchen Zeit, manchmal geht es sehr schnell.

Der Kreis ist schön, die Ellipse ist richtig

K: Könnten wir zwei praktische Beispiele aus der Wissenschaft nehmen, etwa den Übergang vom ptolemäischen System zum kopernikanischen oder den Übergang von der Newtonschen Physik zur Physik Einsteins? Das sind ja auch Ihre großen Denkanstöße.

P: Das erstere Beispiel ist problematisch, weil Kopernikus durch den Übergang vom ptolemäischen System zum kopernikanischen System nichts am Beobachtbaren ändern wollte. Was schon die Vorgänger des Kopernikus und dann Kopernikus selbst behauptet haben, war, daß man alles, was man im geozentrischen System erklären kann, ebenso im heliozentrischen System erklären kann.

K: Aber es sind ja in Ihrem Sinn neue Widerlegungsmöglichkeiten hinzugekommen.

P: Es sind später dann sehr wichtige neue Widerlegungsmöglichkeiten hinzugekommen, und eine meiner Thesen ist, daß das kopernikanische System erst damit wissenschaftlich wurde – vorher war es eine Interpretation, äquivalent der vorhergehenden; die Äquivalenz war ja sogar die Hauptthese des Kopernikus. Vor allem zur Zeit von Galilei wurde etwas ganz anderes daraus: Galilei hat die Monde des Jupiter entdeckt, und die Monde des Jupiter waren eine Art Sonnensystem im Kleinen, ein Modell des Sonnensystems, was die Idee, daß das Sonnensystem auf den schwersten Körper, die Sonne, zentriert ist, bestätigt. Die andere, noch wichtigere Beobachtung betraf die Phasen der Venus, die von Galilei entdeckt wurden.

K: Die wären nach Ptolemäus nicht erklärbar gewesen.

P: Die Phasen der Venus wären nach Ptolemäus nicht erklärbar gewesen oder nur mit größten Schwierigkeiten; jedenfalls haben sie die kopernikanische Theorie sehr bestärkt. Vom kopernikanischen Standpunkt aus konnte man die Phasen der Venus voraussagen. Also eine Voraussage wurde hier bestätigt, eine Voraussage, die im ptolemäischen System nicht denkbar war. Was Kepler getan hat, war, daß er eben, wie seine Vorgänger, versucht hat, die Welt als Ganzes zu sehen und zu erklären. Das geht schon auf Anaximander zurück, also ungefähr auf die Zeit 500 vor Christus. Die Versuche von Kepler waren allerdings viel besser auf Beobachtungen gestützt. Aber nicht in dem Sinne, daß er die Beobachtungen als induktive Grundlage verwendet hat, sondern er hat die Beobachtungen verwendet, bewußt oder unbewußt, um seine Theorien zu überprüfen. Und so hat er durch die Beobachtungen die Theorie der kreisförmigen Bewegung der Planeten widerlegt. Er konnte tatsächlich zeigen, daß die Beobachtungen, die er von seinem Lehrer Tycho geerbt hatte, unvereinbar waren mit der Theorie der kreisförmigen Bewegung der Planeten. So hat er also versucht, andere Figuren zu verwenden. Und nach verschiedenen Fehlschlägen kam er zu den Ellipsen.

K: Und Sie meinen: Die Ellipse muß einem als Lösungsvorschlag einfallen, sie kann sich nicht aus dem Kreis durch Induktionsschritte ergeben. Sie muß als Einfall vorgegeben sein – und wird dann überprüft.

P: Und wird überprüft. Kepler hat verschiedene Figuren, birnenförmige Figuren, verschiedene andere Figuren verwendet und ist schließlich zu einer Figur gekommen, die dem Kreis ähnlich ist, also vom geometrischen Standpunkt aus ein verallgemeinerter Kreis ist, nämlich die Ellipse. Das führt zum ersten Keplerschen Gesetz. Das war ein ungeheuer wichtiger Schritt in sehr vieler Hinsicht. Die kreisförmige Bewegung war leicht verständlich – Galilei hat nur an die kreisfrömige Bewegung geglaubt. Warum die kreisförmige Bewegung so leicht verständlich ist, sieht man an einem Rad. Man stößt ein Rad an, das Rad dreht sich weiter, und ebenso wie das Trägheitsgesetz, gibt es hier ein Trägheitsgesetz der Rotation, die Erhaltung des Drehmoments. Das heißt, wenn man sich ein Rad vorstellt, das reibungsfrei läuft, so läuft es weiter und weiter. Das ist die intuitive Basis der Theorie kreisförmiger Planetenbahnen, auch der Theorie Galileis. Galilei gab diese Theorie nie auf. Aber Kepler schrieb: »Was für ein Dummkopf war ich doch!« und akzeptierte die Widerlegung.

K: Aber auch von dieser einfachen Vorstellung der kreisförmigen Bewegung zur Ellipse kann man nach deren Widerlegung nicht durch Induktion kommen. Da muß wieder eine Idee auftauchen, ein Einfall, der dann wieder überprüft wird ...

P: Das Wesentliche an Keplers Einfall war, daß er überzeugt war, daß dem ganzen Mechanismus irgendwelche einfache geometrische Gebilde zugrunde liegen. Er war von der Harmonie der Welt überzeugt. Das war die grundlegende Idee. Die Widerlegung der ursprünglichen Theorie der Kreisbahnen ist nun nicht als Widerlegung der Harmonieidee zu betrachten, sondern nur als eine, sagen wir, Komplikation innerhalb der Harmonieidee. Kepler hat diese Komplikation in sehr interessanter Weise auch mit den Komplikationen in der Polyphonie in Verbindung gebracht.

K: Das demonstriert ja das von Ihnen postulierte oder entdeckte Denksystem: Vorgegebene Idee, Vorstellung, Entwurf, Widerlegung – nächster Entwurf, wieder Versuch einer Widerlegung. In diesem Fall ist der Kreis widerlegt, die Ellipse nicht widerlegt worden. Also gilt vorerst die Ellipse.

P: Das Interessante ist dann, daß sich daraus die weiteren

Keplerschen Gesetze ergaben, besonders das Keplersche Gesetz, das besagt, daß der Radiusvektor, also die Linie, die vom Planeten zur Sonne führt, in gleichen Zeiten gleiche Flächen überstreicht. Dieses Keplersche Gesetz hat Kepler nie recht gemocht. Es erschien ihm etwas *ad hoc,* etwas kompliziert, nicht in seine Idee der Harmonie hineinpassend. Die Keplersche Entdeckung ist also klarerweise nicht durch Induktion entstanden.

K: Eine Abfolge von Entwürfen und Widerlegungen.

P: Erst kommt die Idee, dann die Deduktion aus der Idee und der Vergleich mit den beobachtbaren Tatsachen. Das kann man bei Kepler studieren.

Das größte Ereignis der Geistesgeschichte – und das noch größere

K: Nun, bei Einstein ist das ja noch sehr viel genauer zu beobachten.

P: Zuerst noch zu Newton. Newton selbst glaubte, daß er nur die Keplersche Theorie induktiv verallgemeinert hat, und Max Born hat sogar versucht, nachzuweisen, daß die Newtonsche Theorie deduktiv aus der Keplerschen Theorie folgt. Beide haben unrecht, denn in der Newtonschen Theorie kommt eine Sache herein, die vollkommen neu ist, nämlich die Idee einer Kraft, und zwar einer Kraft, die in der Entfernung wirkt, der Anziehungskraft. Und diese Idee kann unmöglich aus den Keplerschen Gesetzen deduktiv oder induktiv abgeleitet werden. Sie konnte auch nicht durch induktive Einzelbeobachtungen entstanden sein. Man sieht das ja ganz deutlich an dem Charakter der Keplerschen Gesetze, die sozusagen nur die Gesetze der Bewegung der Planeten beschreiben, aber nicht erklären. Kepler hatte übrigens eine Erklärung: Daß die Strahlen der Sonne irgendwie die Planeten vorwärtsschieben, wenn sie zu den Planeten kommen. Er hat mit verschiedenen Erklärungen gearbeitet, Spekulationen. Aber dann kommt diese Newtonsche Idee der in die Ferne wirkenden Kraft ...

K: Der Gravitation ...

P: Der Gravitation. Das ist eine völlig neue Theorie aufgrund einer völlig neuen Idee.

K: Herr Professor, zwischen den von Ihnen bestrittenen Begriffen Induktion und Verifikation gibt es ja einen Zusammenhang. Das ist vielleicht am Beispiel Newtons sehr deutlich geworden. Die Newtonsche Theorie hat nicht nur, als sie dargelegt wurde, lange Zeit als Musterbeispiel für induktives Denken gegolten – fälschlich, wie Sie meinen –, sondern sie schien auch die Verifizierbarkeit, die Bewahrheitung einer Theorie zu beweisen. Keine andere Theorie hat so lange so intensiv in der Wissenschaft als bewiesen, das heißt als absolut wahr gegolten.

P: Ja, das ist richtig. Ein sehr interessantes Problem wird damit aufgeworfen. Es gibt nämlich zwei Bedeutungen der Induktion: Die eine ist sozusagen die historische Bedeutung, daß Induktion der historische Weg vom Besonderen zum Allgemeinen ist – das ist die ältere Bedeutung des Wortes Induktion. Aber es gibt auch eine andere, besonders von Carnap sehr stark entwickelte Bedeutung des Wortes Induktion – das ist die Induktion zur Stützung des Wahrheitsanspruches einer Theorie durch Beobachtungen, die Verifikation der Theorie oder, wie Carnap vielleicht sagen würde, die Wahrscheinlichkeitsunterstützung der Theorie durch die Beobachtung, die dann der Theorie so etwas wie eine Wahrscheinlichkeit gibt.

K: Zurück zu Newton: Alles, was bekannt wurde, schien die Theorie Newtons zu unterstützen.

P: Zu unterstützen und zu bestätigen. Der Grad dieser Unterstützung war bei Newton sehr hoch. Keine Theorie war wirklich so erfolgreich wie die Theorie Newtons, indem sie eine Fülle von Voraussagen gemacht hat, die nachher bestätigt wurden. In einem gewissen Sinn kann man sogar sagen, daß die Newtonsche Theorie das größte Ereignis in der menschlichen Geistesgeschichte war: Es gab nun eine Theorie, die die Struktur der Welt erklären und sogar Welt voraussagen, ja, die im Prinzip alles in der Welt voraussagen konnte. Und die durch alle Beobachtungen bestätigt wurde, mit denen man sie untersuchte. Es ist nun interessant, daß in diesem zweiten Sinn, also im Verifikationssinn der Induktion, die Newtonsche Theorie nicht auf Induktion beruhen kann. Das kann man folgendermaßen einsehen. Einsteins Theorie und Newtons Theorie widersprechen einander. Das bedeutet aber, daß nicht beide zugleich wahr sein können – es kann höchstens eine wahr sein; möglicherweise können beide falsch sein, aber beide können nicht wahr sein, da sieja einander widersprechen. Trotzdem bestätigt jede Beobachtung von Tatsachen, die die Newtonsche Theorie bestätigt, auch die Einsteinsche Theorie. Daher konnte die Einsteinsche Theorie dieselbe Induktion und Verifikation – Induktion im zweiten Sinn – beanspruchen, die die Newtonsche Theorie beansprucht. Da aber nicht beide wahr sein können, da eine von ihnen unbedingt falsch sein muß, sieht man, daß die sogenannte Verifikation niemals den Wahrheitsanspruch einer Theorie bestätigen kann.

Jede Erfindung widerlegt eine Theorie

K: Es gibt ja eine bemerkenswerte Asymetrie in der Bedeutung von Verifikation und Falsifikation, also von Bestätigung und Widerlegung. Wenn ich hundert Jahre alt werde und jeden Tag in der Früh bestätigt finde, daß ich noch immer lebe, könnte ich ja daraus schließen, daß ich ewig leben werde. Aber ich sterbe in einem einzigen Augenblick. Das heißt: Ich werde hundert Jahre lang verifiziert und eine Sekunde lang falsifiziert – und dann bin ich tot.

P: Das ist richtig, aber man kann noch viel einfachere Beispiele geben: Jede Erfindung, jede wirklich neue technische Erfindung falsifiziert eine bis dahin verifizierte Theorie, nämlich die Theorie, daß es so etwas nicht gibt, nicht geben kann. Daß man nicht in die Ferne sprechen, daß es also kein Telefon geben kann, ist bis zur Erfindung des Telefons dauernd verifiziert worden. Ebenso, daß Menschen nicht fliegen können. Das heißt also, jede Theorie, die darauf aufgebaut war, daß es so etwas nicht gibt, wurde bis dahin dauernd bestätigt. Daß es keine Wolken in der Luft geben kann, die strichförmig sind, ist bis zum Zweiten Weltkrieg dauernd bestätigt worden. Jede Neuheit in der Welt falsifiziert eine bis dahin dauernd verifizierte Theorie, sogar auch dann, wenn diese Theorie nicht ausdrücklich formuliert wurde. Julius Cäsar würde gesagt haben, so etwas wie einen Kondensstreifen mit »Ave Caesar«, der von einem Flugzeug hergestellt werden kann, kann es nicht geben. Es ist also so, daß die Entdeckung Einsteins als Beweis genommen werden kann, daß es eine Induktion im zweiten Sinn in bezug auf Newton nicht gibt. Man kann das dann verallgemeinern, wenn man sich über die logische Situation zwischen Einsteins und Newtons Theorie klar wird. Man sieht dann, daß es zu jeder Theorie eine Art »Einsteinsche Erweiterung« geben kann – eine Theorie, die durch alles bestätigt wird, wodurch die ältere Theorie bestätigt wurde, die aber der älteren Theorie widerspricht, so daß nicht beide wahr sein können, so daß also die Situation der Verifikation nicht auftreten kann. Statt Verifikation kann man dann einfach Bestätigung sagen, aber Bestätigung natürlich als vorläufige Bestätigung und nicht als endgültige Bestätigung. Die endgültige Bestätigung existiert nicht. Es zeigt sich also, daß jede Theorie prinzipiell unsicher ist.

K: Also der Kern Ihrer Wissenschaftstheorie ist der, daß in jedem Beweis, in jeder Bestätigung der Wurm der Widerlegbarkeit drinnensteckt. Grundsätzlich.

P: Wenn Sie wollen, könnte man das so sagen. Das ist eine interessante Formulierung.

Was schön ist, ist wahrer

K: Von Einstein wissen wir es nun ja biographisch, wie er gedacht, entdeckt und gearbeitet hat. Er selbst teilt mit, daß er nicht das Gefühl hatte, induktiv zu arbeiten, sondern daß er mathematische Ideen vorgab, um sie dann an der Wirklichkeit zu prüfen.

P: Das ist richtig; aber auch das ist nicht ganz so einfach. In seinen frühen Jahren war Einstein nämlich sehr stark von Mach beeinflußt. Und dieser Einfluß ist einerseits sehr wichtig gewesen, weil Mach einer der wenigen war, die die Newtonsche Theorie kritisiert haben – gewisse Punkte der Newtonschen Theorie –, und diese Kritik der Newtonschen Theorie hat großen Einfluß auf Einstein gehabt. Gleichzeitig hat Einstein damit aber auch den Machschen Positivismus übernommen. Nun muß ich ein Wort sagen über diesen Positivismus. Der Positivismus ist eigentlich nichts anderes als eine weitgehende Verallgemeinerung der Idee der Induktion – vom Besonderen zum Allgemeinen. Eigentlich ist der Positivismus die Ansicht, daß man die Idee, daß wir vom Besonderen zum Allgemeinen gehen, so konsequent anwenden muß, daß wir von unseren Beobachtungserlebnissen ausgehen, ja, von unseren elementaren Sinnesempfindungen. Und aus diesen Erlebnissen entwickeln wir dann allmählich unser Wissen von der Welt und unsere Theorien. Das ist der Positivismus. Bei Mach war das sehr stark entwickelt, und zwar besonders in seinem berühmten Buch *Die Analyse der Empfindungen.* Empfindungen sind für ihn die elementaren Beobachtungserlebnisse, und in seiner frühen Phase hat auch Einstein das mitgemacht – dagegen hat er dann später sehr stark reagiert, und er ist dann zu ganz anderen Ansichten gekommen.

K: Zum Realismus ...

P: Vor allem zur Überzeugung, daß die Wissenschaft von Intuitionen, und zwar – nach Einstein – von mathematischen Intuitionen, ausgeht. Ich halte das für richtig, aber nicht für entscheidend. Es ist nicht immer eine mathematische Intuition, obzwar oft ein mathematischer Kern darinsteckt. Nach Einstein ist ein Teil der Wissenschaftler oder, sagen wir, er selbst, beeinflußt von der mathematischen Einfachheit und der mathematischen Schönheit einer Theorie. Von der geht er aus und deduziert dann die verschiedenen beobachtbaren Tatsachen aus dieser Theorie und vergleicht sie mit den Gegebenheiten.

K: Ich habe Ihre Auffassung, Herr Professor, hochinteressant und eindrucksvoll bestätigt gefunden in dem Buch von Watson über eine der größten Entdeckungen dieses Jahrhunderts, nämlich die Struktur der DNS im Jahre 1953. Watson, Crick und Wilkins haben sich mit viel Detailkenntnis an die endgültige Form dieses Makromoleküls herangedacht, aber sie sagen selbst, daß sie sich eigentlich nach den Gesichtspunkten der »größeren Schönheit« molekulare Figuren vorgestellt haben, um sie dann im Röntgenmikroskop zu überprüfen. So haben sie ganz ausdrücklich, Schritt für Schritt, Formen vorausentworfen und diese Formen dann kritisch überprüft. Am Ende haben sie so das Problem gelöst.

P: Ja, das ist ein sehr eindrucksvolles Beispiel.

K: Nun, Herr Professor, eine Frage, die sich daraus ergibt: Ihrer Auffassung nach arbeitet ja auch die Evolution so, wie die Wissenschaft arbeitet ...

P: Nach der Methode des Versuchs und der Irrtumkorrektur.

K: Also wie kommt etwa die Natur auf die Idee »Fisch«, auf die Idee »Vogel«? Wie entsteht diese Idee in der Natur? Bei Konrad Lorenz findet man den Begriff der »Fulguration«, der blitzschlagartigen Erhellungen. Wie kommt es dazu?

P: Die Frage ähnelt der Frage: Wie kommt man zu guten Theorien? Meine Antwort ist: Durch Probieren, und durch Ausschaltung der schlechten Theorien. Das heißt: Es gibt keinen Weg, den man voraussehen kann, der zu guten Theorien führt. Es gibt keine Methode. Es gibt keinen Weg zum Erfolg. Es gibt nur den Weg des allgemeinen Probierens, der Variation in alle möglichen Richtungen. Es gibt Erfindungen, die manchmal genial und manchmal nur vom Zufall geleitet sind. Und aus alledem, aus dieser ungeheuren Fülle des Probierens, bleiben schließlich durch Auslese, durch negative Auslese, das heißt durch Auslese und Ausmerzung des Untüchtigen, die angepaßten, die »guten« Formen übrig. Wenn Ihre Frage die Frage war: Wie kommt man zu guten Formen?, dann ist die Antwort: Durch Probieren, durch Phantasie, und vor allem durch Vernichtung der schlechten Formen.

K: Das heißt also: Sowohl die Natur, wenn man sie so personifizieren darf, als auch der Forscher oder die Gesamtheit der Forscher haben nicht gute Ideen, sondern eine Methode, aus der Fülle der mehr oder weniger schlechten Ideen die schlechtesten herauszufiltern. Und das ist gemeinsames Prinzip der Evolution im Bereich der Natur und der Evolution im Bereich des Geistes.

P: Ich wäre vielleicht nicht so anspruchsvoll, zu sagen »im Bereich des Geistes«, aber im Bereich der Wissenschaft, im Bereich der Wahrheitssuche. Den angepaßten Formen in der Evolution entsprechen die wahren oder wenigstens die der Wahrheit nahekommenden Theorien.

Die Wissenschaft stammt vom Mythos

K: Herr Professor, das Festhalten am Prinzip der Induktion war ja nicht nur ein Irrtum über Jahrhunderte hinweg, sondern auch eine zweckvolle Vorkehrung der Wissenschaft. Sie sollte auch eine Absicherung sein gegen die Spekulation, also eine Garantie der Seriosität der empirischen Wissenschaft. Sie haben nun, indem Sie an die Stelle der Induktion die Deduktion gesetzt und als Absicherung der Wissenschaft das Prinzip der Widerlegung eingeführt haben, einen neuen Standard eingeführt. Und Sie haben dadurch die Philosophie, in gewisser Weise sogar die Metaphysik und andere Formen der Vorwissenschaft, rehabilitiert. Das hat Sie doch von der Wiener Schule, vom Wiener Kreis, von den logischen Positivisten, von Wittgenstein getrennt und ist doch eigentlich philosophisch die Hauptauseinandersetzung Ihres Lebens.

P: Ja, das könnte man vielleicht sagen. Wichtiger aber als die Kritik am Wiener Kreis war mir, zu zeigen, was wirklich in der Wissenschaft und in der Philosophie geschieht. Ich habe manchmal gesagt, daß das Vorgehen der Wissenschaft in der Forschung, also der Versuch, in das Gebiet vorzudringen, wo wir nichts wissen, verglichen werden kann mit dem Problem eines schwarzen Mannes, der in einem dunklen Keller einen schwarzen Hut sucht, der nicht dort ist. Was kann er machen? Er kann nach allen Richtungen hin tasten. Und auf diese Weise, mit dem Versuchen nach allen Richtungen hin, kommt er schließlich zu einer Art Weltbild, also zu einer Idee, wie dieser Keller geformt ist, und er erkennt vielleicht sogar, daß der Hut nicht da ist. So ungefähr ist das Vorgehen der Wissenschaft, und so ähnlich ist es auch, wie Sie sagen, wenn man die Natur personifiziert, das Vorgehen der Natur: Tasten nach allen Richtungen. Nicht also jenes Bild der Wissenschaft, daß man Beobachtungen sammelt und sammelt und daraus, wie Bacon gesagt hat, wie aus Trauben den Wein keltert. Die Trauben, die Beeren sind nach dieser Vorstellung die Beobachtungen, und diese Beeren werden ausgepreßt, und daraus kommt der Wein, das heißt also: die Verallgemeinerung, die Theorie. Dieses Bild ist grundfalsch. Es mechanisiert den schöpferischen Akt des menschlichen Denkens und Erfindens. Das ist, was mir das Wichtigste war. Die Wissenschaft geht ganz anders vor, nämlich sie geht so vor, daß sie Ideen, Weltbilder überprüft. Die Wissenschaft stammt vom Mythos. Man sieht es sehr deutlich bei den frühen Wissenschaftlern, nämlich den frühen griechischen, den vorsokratischen Philosophen, die noch sehr stark von der Mythenbildung beeinflußt sind. Die Fragen, die sie stellen, sind aber durchwegs rationale Fragen. Unter rationalen Fragen verstehe ich: Fragen nach der Wahrheit.

K: Wittgenstein und der Wiener Kreis, die logischen Positivisten, sind den anderen Weg ins Extrem gegangen, vor allem auf dem Gebiet der Sprache. Sie haben somit – in Ihrem Sinn – immer mehr Wirklichkeit verloren.

P: Ich möchte eigentlich hier in diesem Gespräch nicht gern den Wiener Kreis kritisieren, weil ich ihn dazu ja erst darstellend analysieren müßte. Jedenfalls sind zum Beispiel die Anfänge von Carnap, insbesondere sein *Logischer Aufbau der Welt,* ganz deutlich von zwei Ideen beherrscht: der einen Idee, daß man von seinen Erlebnissen ausgeht, der methodische Solipsismus, eine Form des Berkeleyschen Positivismus. Das heißt: Ich muß von dem ausgehen, was ich sicher weiß, also von meinen Sinneseindrücken. Ich muß also von mir ausgehend beschreiben, wie ich zum Bild der Welt und zum Bild von anderen Menschen komme. Ich glaube, daß das psychologisch ganz falsch und logisch unmöglich ist. Es ist nicht möglich, vom Solipsismus zu einem Realismus, zu einer Auffassung der realen Welt zu kommen. Das andere Element, das so interessant und so wichtig ist bei Carnap, ist sein Versuch, nur die gesicherten Wahrheiten als wissenschaftlich anzuerkennen. Im *Logischen Aufbau,* im Vorwort zur ersten Auflage des *Logischen Aufbaus,* führt er eine Abgrenzung ein zwischen Wissenschaft und Nichtwissenschaft, insbesondere scheinwissenschaftlicher Philosophie. Und die Abgrenzung ist: gute Philosophie behauptet nur gesicherte, sogar beweisbare, Wahrheit.

K: Diese ist letztlich nur logisch-mathematisch ...

P: Meiner Meinung nach gibt es in der Wissenschaft überhaupt keine Sicherheit, und daher ist diese Voraussetzung von Carnap, die er nirgends weiter untersucht, falsch. Es ist diese

Voraussetzung, die er in seinem späteren Werk dann etwas, sagen wir, aufweicht, indem er versucht, beweisbare Wahrheit durch Induktion, durch numerische Wahrscheinlichkeit zu ersetzen.

Ist ein Punkt ein Winkel, dem man beide Schenkel ausgerissen hat?

K: Was Sie hier kritisieren, ist auch die Suche nach der Definition, die »Was ist?«-Frage, die Suche nach der absoluten Präzision des Wortes, die ja Ihrer Meinung nach, wenn ich es richtig verstehe, von der richtigen Handhabung der Philosophie wegführt. ...

P: Ja, das ist ebenfalls richtig. Auch bei Carnap sind Definitionen überaus wichtig. Er sieht nicht, daß man durch Definitionen nur verbale Probleme lösen kann. Man findet übrigens auch bei Carnap die Idee, eine Sprache zu schaffen, die vollkommen präzise ist, als Voraussetzung, Vorbereitung für die Wissenschaft. Ich glaube, daß so eine Sprache sofort von der Wissenschaft als überholt angesehen werden müßte, weil die Wissenschaft mit neuen Problemen kommt, und die neuen Probleme führen von jeder vorbereiteten, konstruierten Sprache sofort sehr weit weg.

K: Ihre Kritik an der Selbstverstümmelung der Philosophie durch allzu strenge Eingrenzung, durch Definitionen und Ihre Kritik an den »Was ist?«-Fragen erinnert mich an einen Scherz, über den wir im Mathematikunterricht gelacht haben. Frage: »Was ist ein Punkt?« Antwort: »Ein Punkt ist ein Winkel, dem man beide Schenkel ausgerissen hat.« Trifft das etwa auch den Kern Ihrer Kritik?

P: Ja, das ist sehr interessant. Denn ein Teil meiner Kritik hat zum Teil darauf basiert, daß in der euklidischen Geometrie Definitionen am Anfang stehen, dann aber überhaupt nicht verwendet werden. Die Definitionen haben nur die Rolle, dem Leser eine Idee zu geben, wovon die Rede ist, aber das weiß er ja sowieso, wenn er vom Punkt, von der Linie und von der ebenen Fläche spricht. Es gibt auch Systeme der Geometrie, in denen die Definition eine wesentliche Rolle in den Ableitungen spielt. Aber die euklidische Geometrie ist es nicht, und es stellt sich heraus, daß man die Geometrie ganz allgemein ohne Definitionen aufbauen kann. Es gibt da mehrere Interpretationen zu einer Geometrie, weil die undefinierten Grundbegriffe auf verschiedene Weise interpretiert werden können. Aber es stellt sich heraus, daß, wenn man Definitionen einführt, diese Situation nicht geändert wird. Wenn man nämlich Definitionen einführt, braucht man immer wieder undefinierte Grundbegriffe. Eine Definition würde zu einem unendlichen Regreß führen, wenn ich nicht mit undefinierten Grundbegriffen anfangen würde. Und wenn ich einmal undefinierte Grundbegriffe habe, sind da mehrere Interpretationen dieser undefinierten Grundbegriffe möglich. Und daher mehrere Interpretationen des ganzen Systems. Daher kann man durch Definitionen nie Eindeutigkeit schaffen.

Wittgensteins Schürhaken

K: Und dieser Definitionsfetischismus war Ihnen von Ihrer Jugend an, wie Sie schreiben, sehr zuwider. Biographisch gesehen hängt das mit dem Gegensatz zu Wittgenstein zusammen. Das ist, wenn man als Wiener mit dem Wiener Popper redet, nicht unwichtig.

P: Wenn Sie das sagen, muß man klarmachen, daß »Definition« bei Wittgenstein selbst in seinem *Tractatus* keine Rolle spielt, außer ganz am Ende, wo er sagt, die richtige Methode der Philosophie wäre, den, mit dem man ein philosophisches Gespräch führt, darauf aufmerksam zu machen, daß er seine Grundbegriffe nicht definiert hat. Erst dort spielt es eine Rolle, daß er ihnen »keinen Sinn gegeben hat«, wie Wittgenstein sagt. Und er sagt, es wäre für den Mann nicht sehr aufklärend oder sehr erfreulich, aber es wäre eigentlich die einzig richtige Methode der Philosophie.

K: Aber Wittgenstein ist doch in diesem Problemfeld Ihr Antagonist. Was ja unter anderem noch verschärft wurde dadurch, daß Wittgenstein, so wie Sie, einen großen Teil seines

Arbeitslebens in England verbracht hat, wo Sie ihm wieder begegnet sind. Da heißt es in einer Anekdote, Wittgenstein sei in einer Diskussion mit dem Schürhaken auf Sie losgegangen ...

P: Er ist nicht auf mich losgegangen, er hat nur mit dem Schürhaken gespielt, und ich habe aus der Tatsache, daß er mit dem Schürhaken gespielt hat, einen Spaß gemacht. Den hat er leider nicht als Spaß hingenommen, sondern er hat sich so geärgert, daß er aus dem Zimmer hinausgelaufen ist.

K: War Wittgenstein in Ihrem Leben wichtig? Können Sie sich vorstellen, daß alles, was Sie in diesem Leben philosophisch gedacht und zustande gebracht haben, ohne den Wiener Kreis, ohne Wittgenstein zustande gekommen wäre? Sind Sie nicht als Ganzes der Versuch einer Widerlegung Wittgensteins, ein Widerspruch zu Wittgenstein?

P: Nein. Ich habe ja lange, bevor ich von Wittgenstein gehört habe, viele Jahre vorher, nämlich im Jahre 1919, meine wichtigsten Probleme formuliert: Das Abgrenzungsproblem, wie ich es nannte, das heißt das Problem des Wissenschaftscharakters der empirischen Wissenschaften und das Problem der Sicherheit und Unsicherheit der Wissenschaft – das ist alles viel älter. Ich habe zum ersten Mal ungefähr im Jahre 1925 von Wittgenstein gehört. Es ist aber richtig, daß ich ohne den Wiener Kreis wahrscheinlich nie ein Buch geschrieben hätte. Den Anstoß dazu, mein erstes Buch zu schreiben, gab mir ein Mitglied des Wiener Kreises, nämlich Herbert Feigl, der ein besonderer Freund von Carnap war und ein Freund von Schlick.

K: Sie haben ja auch zuerst in einem Organ des Wiener Kreises publiziert?

P: Mein Buch *Logik der Forschung* erschien im Herbst 1934 in einer Sammlung, die Schlick und Frank herausgegeben haben. Während dieses Buch im Druck war, publizierte ich zwei kurze Mitteilungen im Organ des Wiener Kreises, *Erkenntnis*. Die *Logik der Forschung* war übrigens ein Auszug aus einem längeren Buch, *Die beiden Grundprobleme der Erkenntnistheorie,* das erst 45 Jahre nachdem es geschrieben wurde erschienen ist, aber schon 1932 von mehreren Mitgliedern des Wiener Kreises, insbesondere von Carnap, Kraft und Schlick, gelesen wurde. Ich habe ein paar frühere Publikationen in pädagogischen Zeitschriften herausgebracht, in der *Quelle* und der *Schulreform*.

K: Aus diesem Grunde werden Sie ja mitunter als Mitglied des Wiener Kreises genannt ...

P: Ich war nie Mitglied des Wiener Kreises, es ist aber ebenso ein Irrtum, wenn man annimmt, daß ich deshalb nicht Mitglied des Wiener Kreises war, weil ich gegen den Wiener Kreis war. Das stimmt auch nicht. Ich wäre sehr gern ein Mitglied des Wiener Kreises geworden. Tatsache ist einfach, daß Schlick mich nicht eingeladen hat, an seinem Seminar teilzunehmen. Das war nämlich die Form, in der man Mitglied des Wiener Kreises wurde.

K: Sie behandeln in Ihrer Biographie die Frage »Wer tötete den logischen Positivismus?«, und es ist eigentlich der Antwort zu entnehmen, daß Sie ihn umgebracht haben.

P: Ja, aber natürlich nicht absichtlich. Das war kein Mord, das war ein Totschlag, schlimmstenfalls. Ich habe den Wiener Kreis ja sehr bewundert, verschiedene Mitglieder des Wiener Kreises sehr bewundert, sonst hätte ich ja nicht in meinem ersten Buch hauptsächlich den Wiener Kreis kritisiert. Das war, wie soll ich sagen, ein Zeichen von Respekt, von Bewunderung.

K: Mord, Totschlag, was immer: Bei eingehender Befassung mit den Schriften des Wiener Kreises ist festzustellen, daß Sie nicht nur von oberflächlichen Beobachtern für ein Mitglied des Wiener Kreises gehalten worden sind – keineswegs für einen Totschläger. Vor mir liegt etwa das Buch von Victor Kraft, die letzte, überaus authentische Publikation über den Wiener Kreis. Da scheinen Sie ausdrücklich als Mitglied des Wiener Kreises auf – dies aus der Sicht von 1968. Betreffend Ihre Hauptproblematik schreibt Kraft: »In bezug auf Induktivismus und Deduktivismus war man im Wiener Kreis mit Popper einig« – in der Spätphase natürlich. Wie kommt es, daß der Wiener Kreis Sie doch in einem viel höheren Ausmaß als Mitglied ansieht, während Sie sich ganz ausdrücklich als Gegenpol des Wiener Kreises sehen?

P: Ich war mit Victor Kraft eng befreundet, und wir haben sehr oft diskutiert; vermutlich hat er in seiner Erinnerung seine persönliche Diskussion mit mir in den Wiener Kreis verlegt. Unsere Diskussionen haben sich gewöhnlich im Volksgarten abgespielt. Wir sind da in der Allee beim Parlament auf und ab gegangen – und offenbar hat er diese Gespräche mit mir, die natürlich in die Zeit des Wiener Kreises fallen, in die Aktivität des Wiener Kreises einbezogen. Aber wie gesagt: Ich habe niemals das Privatseminar von Schlick besucht, ich wurde niemals eingeladen. Feigl schreibt irgendwo, daß ich nicht Mitglied des Wiener Kreises war, weil ich mich separiert halten wollte. Das war aber nicht der Fall. Ich wäre gerne gegangen, wenn mich Schlick eingeladen hätte. Aber ich glaube, Schlick hat mich darum nicht eingeladen, weil er mich eben als Opponenten betrachtet hat. Ich habe mit Schlick eine einzige Diskussion in seiner Wohnung über diese Dinge gehabt.

K: Die Schreibweise von Kraft deckt sich mit Dutzenden Publikationen über den Wiener Kreis, in denen Sie durchwegs als Mitglied des Wiener Kreises aufscheinen. Nun, den Wiener Kreis kann man ja nicht personifizieren. Das ist vielleicht eine Erklärung für dieses Mißverständnis. Es war eine recht inhomogene Gruppe. Aber soweit es den Wiener Kreis gibt, etwa in der historischen Darstellung Victor Krafts, gewinnt man fast den Eindruck, als sei Ihr Widerspruch nicht ganz verstanden oder nicht ganz realisiert worden. Kraft verhielt sich zu Ihnen wie die Glucke, die am Ufer steht und sich wundert, daß ein von ihr ausgebrütetes Entchen davonschwimmt ...

P: Man sollte da vielleicht unterscheiden zwischen der tatsächlichen Mitgliedschaft, die ja Mitgliedschaft des Schlick-Seminars war, und den geistigen Beziehungen. Die waren ja da. Ich war nicht nur mit Kraft befreundet, sondern auch mit anderen Mitgliedern des Wiener Kreises. Ich habe sehr viel mit Gomperz diskutiert, mehr als mit Schlick; ich habe mit Feigl diskutiert, mit Waismann diskutiert, ich hatte einige Diskussionen mit Neurath, den ich übrigens von den Mitgliedern des Wiener Kreises am längsten kannte, seit 1919. Ich lernte ihn kennen, als er aus München kam, als »Flüchtling«, mit einem großen roten Bart. Neurath erfand für mich auch den Ehrentitel »Die offizielle Opposition« des Kreises. Ich hatte Diskussionen mit Thirring, und erst später, nachdem mein Buch *Logik der Forschung* erschienen war, hatte ich Diskussionen mit Hahn. Eigentlich hatte ich mit Schlick noch am wenigsten zu tun. Was übrigens die Dutzende von Publikationen betrifft, so widersprechen nicht selten Dutzende von Publikationen den Tatsachen.

Das Erbe der Wiener Titanen

K: Meine Frage geht von der Absicht aus, aufzudecken, daß es so etwas wie einen gemeinsamen geistigen Boden gibt. Und damit komme ich zur vorangehenden Generation, in der die Fronten in ähnlicher Weise nicht scharf zu ziehen sind. Man könnte vereinfacht sagen: Sie, Herr Professor, sind in Ihrer Auseinandersetzung mit dem Wiener Kreis ein geistiger Nachfolger Ludwig Boltzmanns in dessen Auseinandersetzung mit Ernst Mach. Wenn man der Sache auf den Grund geht, und das war der Sinn meiner Frage, sieht man aber, daß auch das nicht ganz so einfach war. Wenn man etwa liest, daß Wittgenstein beabsichtigte, aus Bewunderung für Boltzmann bei diesem zu studieren – Boltzmanns Selbstmord hat dies verhindert –, wenn man also erfährt, welche Affinität etwa einer der geistigen Väter oder Bewirker des Wiener Kreises zu Boltzmann hatte, und wenn man andererseits der Sache nachgeht, wieviel doch auch Mach und seine geistige Welt für Sie bedeutet haben muß, ist zu erkennen, daß die zwei geistigen Bereiche doch sehr stark verzahnt waren. Damit komme ich zu meiner Frage: Wie sehen Sie die Vaterschaft des Wiener Kreises, die Vaterschaft Ihrer geistigen Welt, um eine Generation zurückverlegt, um die Jahrhundertwende, im 19. Jahrhundert, vor allem in der Dimension Mach – Boltzmann?

P: Ich glaube schon, daß es eine sehr starke Gegnerschaft gab zwischen Mach und Boltzmann. Eine sehr wichtige Gegnerschaft. Das Entscheidende ist, daß Boltzmann Realist war und Mach Fortsetzer des Berkeleyschen Idealismus, besonders in seinem Buch *Die Analyse der Empfindungen.* Das ist ein rein Berkeley-idealistisches Buch, und es hat sehr stark den Positivismus im Wiener Kreis beeinflußt. Aber merkwürdigerweise war Schlick ursprünglich, bevor er durch den Wiener Kreis und insbesondere durch Wittgenstein stark beeinflußt wurde, Realist – ungefähr so wie Boltzmann. Er wurde dann durch Wittgenstein sehr stark positivistisch und idealistisch beeinflußt.

K: Also tatsächlich eine beträchtliche Verschneidung. Darf ich einmal versuchen, Gemeinsamkeiten zu finden. Man muß sich doch fragen: Wie kann ein genialer Mensch wie Albert Einstein im Laufe seines wissenschaftlichen Lebens gerade in der Position des Realismus die Fronten wechseln? Das ist doch aus der Sicht eines Laien nur erklärlich durch eine äußerst schwerwiegende Problemstellung. Und die gemeinsame Problemstellung – das kann man doch unbestritten gelten lassen – ist ein Kritizismus gegenüber einem naiven Realismus, einem naiven Materialismus, der davon ausgeht, die Welt ist so, wie der Common sense uns sagt, nämlich so, »wie sie eben ist«. Die gemeinsame Überzeugung der streitenden Wiener Philosophen-Titanen ist ja, daß die Welt nicht so ist, wie sie zu sein scheint. Nur die Schlußfolgerung ist für den Positivisten, daß die Welt uns überhaupt nicht zugänglich ist, während der Realist zum Schluß kommt, daß diese Welt uns zwar sehr schwer zugänglich ist, daß wir sie wirklich nicht so erfassen können, wie sie ist, daß es sie aber trotzdem gibt.

Was ist naiv?

P: Ich muß Ihnen widersprechen. Der Positivist sagt: Wenn wir nach der Welt fragen, müssen wir fragen: Woher weiß ich etwas über die Welt? Das ist der positivistische Ausgangspunkt. Und er antwortet dann: Durch meine Sinne. Indem ich meine Augen und Ohren öffne, lerne ich etwas über die Welt. Das ist eigentlich eine *naive* Erkenntnistheorie. Eine naive Commonsense-Erkenntnistheorie: Ich werde sozusagen vollkommen unwissend geboren, und alles Wissen kommt dann durch Sinneseindrücke zustande. Und diese Einstellung führt dann leicht weiter zu einer weiteren Einstellung: Ja, wenn alles Wissen aus Sinneseindrücken besteht, warum glaube ich dann, daß es mehr gibt als Sinneseindrücke? Und die Antwort ist: Es gibt gar nicht mehr. Und so kommt man zum Positivismus. Die Welt ist also nichts als meine Sinneseindrücke. Und so komme ich zum Solipsismus. Alle Leute, die nicht Solipsisten, aber Positivisten sind, haben eigentlich schon einen Kompromiß gemacht, wenn sie zugeben, daß es noch andere Leute gibt.

K: Ich glaube, das Zu-Ende-Führen dieser Überlegung hat ja Bertrand Russell vorexerziert mit dem Augenblickssolipsismus, der nicht einmal gelten läßt, daß es eine Vergangenheit und eine Zukunft gibt, weil auch der Erinnerung und der Projektion der Erfahrung nach vorn nicht zu trauen ist.

P: Ja, das ist dann die ganz radikale Position. Aber ich lehne auch die »gemäßigte« Position ab. Die Positivisten sind darauf aus, irgendwo Sicherheit zu bekommen. Was weiß ich denn *wirklich?* Worüber bin ich denn ganz *sicher?* Aber es stellt sich eben heraus: Nichts ist ganz sicher. Wenn wir das aber einmal eingesehen haben, daß sicheres Wissen für uns unmöglich ist, gibt es auch keinen Grund, warum wir nicht einen hypothetischen Realismus zulassen, der sich dann sehr bald als sehr wichtig herausstellt.

K: Darf ich betonen: Für Sie bedeutet Realismus nicht naiver Realismus – die Welt ist so, wie wir sie eben sehen, wie sie uns vorkommt –, sondern kritischer, hypothetischer Realismus.

P: Aber eben echter Realismus. Das ist besonders für die Wissenschaft eine sehr wichtige Annahme. Es ist der Realismus, der zum Beispiel verlangt, daß die verschiedenen Wissensgebiete kohärent sein sollen und nicht jedes getrennt von den anderen sein kann, so daß wir Brücken bauen können, gemeinsame Probleme haben, und so weiter ...

Ich kann nicht glauben, daß ich die Matthäus-Passion geschrieben habe

K: Es ist ja vor allem auch der Realismus, der uns verständlich macht, wieso verschiedene Individuen zwar jedes für sich eine ideelle Welt haben, aber dennoch in der Sicht der Welt übereinstimmen.

P: Meiner Meinung nach spricht gegen den Idealismus – und Positivismus heißt Idealismus – vor allem, daß er größenwahnsinnig ist. Wenn nämlich der Idealismus recht hat oder gar der Solipsismus, so habe ich die Matthäus-Passion geschaffen und die Symphonien von Mozart und Beethoven und den *Figaro* ...

K: Überhaupt die Welt erschaffen ...

P: Sogar die Welt erschaffen. Nun weiß ich, daß alles das etwas über meine Kräfte geht. Also kann nicht ich die Welt, sondern muß die Welt mich hervorgebracht haben.

K: Vorwegnehmend eine Klarstellung – mit dem Thema »a priori – a posteriori« werden wir uns noch später zu befassen haben: Wenn man diese positivistische Einstellung: »Die Welt ist ein Komplex von Sinneseindrücken« dahingehend korrigiert, daß man die angeborenen Gegebenheiten des kognitiven Apparats auf Erfahrungen, also »Sinneseindrücke« der Stammesgeschichte, zurückführt, würde sich an der Grundproblematik des Positivismus nichts ändern: Auch so käme man durch die positivistische Schranke nicht zur Wirklichkeit.

P: Das ist richtig.

K: Also die Problematik Realismus versus Positivismus würde sich durch die Einbeziehung des Apriorischen oder durch die Auflösung des Apriorischen im Aposteriorischen nach den Grundsätzen der Evolutionären Erkenntnistheorie nichts ändern. Die Welt hat mich zwar in zwei Durchgängen belehrt – einmal genetisch in der Evolution, indem sie meine Aprioris gebildet hat, und einmal aposteriorisch in meiner Jugend und Lehrzeit –, aber die Frage: »Gibt es eine Welt, die mich belehrt hat?« bliebe demnach unbeantwortet.

P: Die Wurzel des Irrtums steckt im Induktivismus. Er ist es, der zu dieser Einheit von apriorischem und aposteriorischem Idealismus führt. Er meint: Auch die apriorischen Grundsätze, die in uns eingebaut sind, müßten durch Induktion erworben sein, wie die aposteriorischen.

Machs Abneigung gegen Theorien

K: Nun zum eigentlichen Problem Mach – Boltzmann. Boltzmann war nun Realist gegenüber dem Positivisten Mach, dem Idealisten Mach, wie Sie sagen.

P: Ja. Und das wirklich Schreckliche und Tragische an dieser Geschichte ist: Ich weiß nicht, wie das psychologisch zu erklären ist, daß Boltzmann offenbar so verwundbar war, so viel mehr verwundbar als Mach. Ich vermute, das hängt damit zusammen, daß Boltzmann viel produktiver als Mach war, produktiver in der Wissenschaft. Beide waren Physiker, aber Mach war an Bedeutung mit Boltzmann überhaupt nicht zu vergleichen. Boltzmann war sicher einer der größten Physiker seiner Zeit. Mach war ein interessanter Experimentalphysiker, wie es wahrscheinlich schon zu seiner Zeit vielleicht hundert gegeben hat – ungefähr.

K: Man kann Boltzmann ja auch zugestehen, daß er wie andere Genies einen seelischen Defekt gehabt hat.

P: Vielleicht. Ich weiß es nicht. Aber eines steht fest: Beide waren bedeutende Menschen, aber Boltzmann war viel sensitiver und intuitiver als Mach und auch viel kritischer und origineller.

K: Vielleicht können wir an dieser Stelle festhalten, was der Titanenkampf Mach gegen Boltzmann für die späteren Auswirkungen auf den Wiener Kreis und auf Ihre Position bedeutet hat: Es ist doch der Realismus in der Gestalt des Atomismus.

P: Der Streitpunkt saß noch etwas tiefer. Mach hat von etwas geträumt, was man »phänomenologische Physik« genannt hat: Also eine Physik, die rein beschreibend ist, die eigentlich keine theoretische Physik in unserem Sinne ist, in der also die mathematischen Formeln rein beschreibende Formeln sind. Daß es eine solche rein beschreibende Physik gar nicht gibt und daß die anscheinend reine Beschreibung auch schon Theorie ist, wurde Mach nicht bewußt. Eine Theorie auf einem niedrigen theoretischen Niveau wird akzeptiert, aber das höhere theoretische Niveau wird bezweifelt – das ist die Physik, die Mach als ideal erschienen ist. In diesem Sinne hat er von einer Reform Newtons geträumt. Die Ablehnung Einsteins durch Mach, die Einstein zuerst nicht ganz verstand, kam dadurch zustande, daß Mach ganz richtig feststellte, daß Einstein theoretischer Physiker im Boltzmannschen Sinn war, also theoretischer Physiker, den die Theorien an und für sich interessieren und der mit Theorien der Wirklichkeit näherzukommen sucht. Mach hat sogar bezüglich seiner auf niedrigem theoretischem Niveau befindlichen Theorien empfunden – mit Recht –, daß sie ihn schon etwas von *seiner* Wirklichkeit, nämlich der reinen Analyse der Empfindungen, wegbrachten. Das sind zwei ganz verschiedene Tendenzen.

K: Aber die Austragungsstätte war der Atomismus.

P: Es war der Atomismus, der Mach immer als verdächtig erschienen ist. Man könnte geradezu sagen, das Problem zwischen den beiden ist: Gibt es eine Theorie der Materie? Boltzmann hat gesagt: Ja, selbstverständlich, das ist der Atomismus. Und Mach hat gesagt: Nein, es gibt eben keine Materie, die Theorien der Materie haben uns nur in die Irre geführt. Ich schlage als neue physikalische Theorie der Materie vor, daß es keine Materie gibt, sondern daß das reine Konstruktionen sind, die überwunden und auf ein Minimum reduziert werden sollen. Die Nicht-Materie-Theorie ist sozusagen meine physikalische Theorie der Materie. Auf diese Weise wird Mach zum Antiatomisten.

Boltzmann über Kants logischen Schnitzer

K: War die Bewertung des Darwinismus, die bei Boltzmann eine ungeheure Rolle spielt, auch eine Frontstellung zu Mach?

P: Nein, da haben beide übereingestimmt.

K: In der Bejahung des Darwinismus an sich.

P: Merkwürdigerweise gibt es sogar die Evolutionäre Erkenntnistheorie bei Mach wie bei Boltzmann. Bei beiden. Das ist meiner Meinung nach eine Inkonsequenz bei Mach. Aber so ist es.

K: Darf ich dazu zwei Sätze von Boltzmann zitieren, die uns aus heutiger Sicht eigentlich verblüffend perfekt erscheinen, was den hypothetischen Realismus betrifft, von dem wir die längste Zeit geglaubt haben, er sei ein Produkt der Mitte dieses Jahrhunderts. Boltzmann schreibt darüber in völliger Klarheit:

> Das Gehirn betrachten wir als den Apparat, das Organ zur Herstellung der Weltbilder, welches sich wegen der großen Nützlichkeit dieser Weltbilder für die Erhaltung der

Art entsprechend der Darwinschen Theorie beim Menschen geradeso zur besonderen Vollkommenheit herausbildete wie bei der Giraffe der Hals.

Und in der wichtigen Frage des Verhältnisses von Apriori und Aposteriori nach Kant schreibt Boltzmann:

> Man kann diese Denkgesetze aprioristisch nennen, weil sie durch die vieltausendjährige Erfahrung der Gattung dem Individuum angeboren sind, jedoch scheint es nur ein logischer Schnitzer von Kant zu sein, daß er daraus auch auf ihre Unfehlbarkeit in allen Fällen schließt. Nach der Darwinschen Theorie ist dieser Schnitzer vollkommen erklärlich, nur das, was sicher war, hat sich vererbt, was unrichtig war, ist abgestoßen worden.

Also in bezug auf diese Thesen kann es ja wohl keine vollständige Übereinstimmung mit Mach gegeben haben, weil in ihr eine ganz starke Bezugnahme auf die Wirkung der realen Welt enthalten ist. Hier wird Evolution, zudem noch die Evolution des Geistes, auf ein Einwirken der materiellen Welt zurückgeführt.

P: Das ist ganz richtig, aber trotzdem gibt es bei Mach eine Menge Bemerkungen, die direkt in die Evolutionäre Erkenntnistheorie hineinpassen – und eigentlich in das Machsche Weltbild nicht hineinpassen. Besonders in seinen populären Vorlesungen gibt es das – ebenso wie in Boltzmanns populären Vorlesungen.

Boltzmanns Tragödie: Der verlorene Zeitpfeil

K: Wir werden auf diese Bezüge zur Evolutionären Erkenntnistheorie ganz sicher noch zurückkommen. Im Augenblick würde ich gerne herausarbeiten, was Sie, Herr Professor, mit Boltzmann verbindet und was Sie doch von Boltzmann trennt. Eine Problemstellung zwischen Ihnen und Boltzmann, wenn man ihn als eine Art geistigen Vater betrachtet, ergibt sich in der Hauptfrage, mit der sich Boltzmann befaßt hat, nämlich bezüglich der Gleichsetzung von Entropie und Wahrscheinlichkeit und des Versuchs, Entropie als das eigentliche Substrat der

Zeit zu deklarieren. Hier sind Sie ja einer völlig abweichenden Meinung.

P: Ja. Vielleicht nicht so völlig, aber ich bin abweichender Meinung. Aber nicht einmal so sehr mit Boltzmanns ursprünglichem Ansatz, sondern nur mit den Konzessionen, zu denen er durch Kritik ...

K: Durch Zermelos Kritik ...

P: Ja, durch Zermelos Kritik gedrängt wurde. Dort, glaube ich , ist Boltzmann irrend zum Idealisten geworden. Er war in einer Klemme ...

K: Wir sollten vielleicht ganz kurz anführen, was das Problem ist: Boltzmann hat die Entropie, den gesetzmäßigen Ordnungsverlust der Energie, die er in eine logarithmische Beziehung zur Wahrscheinlichkeit setzt, gleichzusetzen versucht mit dem Pfeil der Zeit ...

P: Nicht in seinem ursprünglichen Ansatz. In Boltzmanns ursprünglichem Ansatz hatte er eine realistische Einstellung zur Zeit. Die Zeit hat einen Pfeil, die Zeit hat eine Richtung an und für sich. Sie wird nicht durch Entropie erklärt. Diese Richtung ist vorgegeben. Auch die Darwinsche Theorie besagt, daß es eine Evolution und damit eine reale Zeit gibt. Und das war auch Boltzmanns Standpunkt, sein ursprünglicher Standpunkt: Es gibt auch schon in der materiellen physikalischen Entwicklung eine Evolution in der Zeit, und das setzt voraus, daß es eine Zeitrichtung gibt. Und hier kommt er dazu, zu zeigen, daß die Entropiezunahme der charakteristische materielle, physikalische Prozeß ist, der parallel zum biologischen, nämlich zur Evolution, verläuft. Die Evolution der Materie ist mit einer Zunahme an Entropie verbunden, mit einer steten Verwandlung von arbeitsfähiger Energie in arbeitsunfähige Energie.

K: Aber da steckt ja das ungeheure Problem, daß die Evolution des Lebens die Zunahme an negativer Entropie ist.

P: Ja, dieses Problem liegt vor, und es ist ein durchaus realistisches Problem in einer realistischen Zeit. Zur Identifikation von Entropiezunahme und Zeitpfeil wurde Boltzmann aber erst durch den Einwand Zermelos gebracht.

K: Durch den Einwand, der von Poincaré herkommt ...

P: Ja. Poincarés These war, daß die Dynamik, die Newtonsche Dynamik, also die Dynamik von Körpern, der Thermodynamik, der Dynamik von Atomen, widerspricht.

K: Poincaré und Zermelo brachten das »Wiederkehr-Argument« vor.

P: Der Widerspruch lag eben im »Wiederkehr-Argument«. Nach der Dynamik wird in jedem System derselbe Zustand unzählige Male immer wieder erreicht, daher kann es keine thermodynamische Entropiezunahme geben.

K: Das heißt, die Dynamik sieht ein an sich stabiles, in Schwankungen befindliches Weltall. Die Thermodynamik sieht eines in irreversibler, unumkehrbarer Veränderung befindliches ...

P: Diese Sicht setzt den Zeitpfeil als unabhängig von allem anderen voraus. Das Problem des Widerspruchs zwischen Thermodynamik und Dynamik setzt voraus: Es gibt eine Zeitrichtung.

K: Und nun vollzieht Boltzmann in Erwiderung auf Zermelo ein defensives Gedankenexperiment: Die Entropie könnte sich bei der Schwankung eines an sich stabilen Systems umkehren, und mir ihr die Zeit; es könnte eine »absteigende« und eine »aufsteigende« Entropie geben, wodurch sich der Zeitpfeil ändern würde.

P: Boltzmann wird durch diese Überlegung dazu gebracht, den Zeitpfeil idealistisch zu interpretieren. Das heißt: Die Zeit an und für sich hat keinen Pfeil, der Zeitpfeil kommt erst durch unser Bewußtsein, durch unsere subjektiven Erlebnisse herein, und unsere Erlebnisse sind daran gebunden, daß die Entropie zunimmt. Wir erleben die Zeit in der Richtung der Entropiezunahme. Und wenn es jetzt in einer Welt ohne Zeitpfeil Entropieschwankungen gibt, so definiert die Entropieschwankung die Richtung des Zeitpfeils. Der Zeitpfeil zeigt immer nur in die Richtung der zunehmenden Entropie, weil er aus irgendwelchen noch nicht ganz klaren Gründen durch uns so erlebt wird. Außerdem kommt nur dadurch ein Zeitpfeil in die an und für sich pfeillose und sogar zeitlose Welt. Die Zeit ist nur eine vierte Dimension des Raums und hat – so wie die anderen Dimensionen – keine Richtung. Das ist natürlich ein Bruch mit dem ursprünglichen Realismus. Und das macht auch die ursprüngliche Theorie trivial.

K: Das führt zu der Frage aus der Sicht unserer Zeit, fast ein Jahrhundert danach: Wer hat recht behalten? Der ursprüngliche Boltzmann, der sich mit dieser Erwiderung auf Zermelo nur im Idealismus verheddert, oder Zermelo, durch den ja der ursprüngliche Boltzmann widerlegt worden wäre?

P: Wenn ich es riskieren soll, die gegenwärtige Situation zu schildern, dann hat der ursprüngliche Boltzmann recht behalten.

K: Das heißt, der Satz, den Ambrosi auf den Grabstein Boltzmanns gemeißelt hat, der die Entropie in logarithmische Beziehung zur Wahrscheinlichkeit setzt, hat sich als richtig erwiesen.

P: Ja. Vor allem richtiger und wichtiger als dieser Satz ist noch die ursprüngliche Einstellung, daß es eine reale Welt gibt, ein realistisches Problem der Zeit, ein realistisches Problem der Entwicklung und ein realistisches Problem der Entropiezunahme. Daß alle diese Probleme wirklich echte Probleme sind und nicht bloß Täuschungen in unserem Geist.

Die Urknalltheorie – nicht so wichtig

K: Ist es möglich, daß Boltzmann bei dieser unglückseligen Erwiderung auf Zermelo, bei dieser vielleicht sogar – wenn man es in bezug auf das Ende seines Lebens sieht – tragischen Episode, einfach das Opfer eines um diese Zeit noch unvermeidlichen Informationsmangels geworden ist? Er war ja zum Beispiel nicht in Kenntnis dessen, was wir heute Urknalltheorie nennen.

P: Das ist nicht so wichtig. Was wirklich wichtig war, war die Einsteinsche Theorie der Brownschen Bewegung, die ein Jahr vor Boltzmanns Tod herausgekommen ist, von der er aber seltsamerweise nichts gewußt zu haben scheint. Obwohl sie ganz aus Boltzmannschen Gedanken heraus entstanden ist . . .

K: Wir sollten sagen, was Brownsche Bewegung ist: die

Sichtbarmachung des Atoms durch Hochschaukelung in einen Bereich, der optisch sichtbar wird.

P: Die Brownsche Bewegung zeigt noch nicht das Atom, aber die Realität des Moleküls. Die Brownsche Bewegung kann als eine direkte Folge von Molekularbewegungen erklärt werden. Sie unterstützt erstens die Molekulartheorie, zweitens damit die Atomtheorie und drittens die Boltzmannsche Methode und eine realistische Interpretation der Zeit. Natürlich kann man auch alles idealistisch interpretieren. Das ist schon so. Trotzdem wird der Machsche Idealismus durch diese Sache sehr untergraben. Die Idee der Machschen Physik, daß die Physik der Materie darum keine Fortschritte macht, weil es ja keine Materie gibt, war in Frage gestellt.

K: Darf ich fragen, warum Sie das Argument der Urknalltheorie, die ja die Gesamtevolution des Kosmos von einer biologischen über eine chemische, bis hin zu einer kosmologischen erweitert hat, so geringschätzen? Es fällt auf, daß diese Theorie auch in Ihren Büchern eine relativ geringe Rolle spielt.

P: Es gibt verschiedene Möglichkeiten, um auch ohne diese Theorie weiterzukommen. Vor kurzem erst hat ein früherer Mitarbeiter von Einstein, Nathan Rosen – der seit vielen Jahren daran gearbeitet hat –, eine Modifikation der Einsteinschen allgemeinen Relativitätstheorie publiziert, die zwar zu einem expandierenden Universum führt, aber den Urknall überflüssig macht.

K: Das will sagen, daß die Urknalltheorie eine sehr interessante Annäherung an das Problem, aber auch für Sie nicht der Weisheit letzter Schluß ist.

P: Ich glaube nicht, nein. Es gibt zu viele Alternativen. Diese Theorie ist nicht nur nicht der Weisheit letzter Schluß, sie führt auch zu vielen und recht großen Schwierigkeiten. Diese Theorie als etwas anzusehen, worüber wir nicht hinauskommen werden, scheint mir ganz verfehlt zu sein. Ich will nicht sagen, daß ich Gründe habe, anzunehmen, daß die Theorie falsch ist: davon ist keine Rede; aber man wird erst eine ganze Reihe von Theorien vergleichen müssen, bevor man sich für so etwas entscheidet.

K: Was immer von der Urknalltheorie übrigbleibt: Glauben

Sie – und das bezieht sich auch auf das System der Boltzmann-Tragödie und des Zermelo-Einwandes –, daß es zunehmend Hinweise auf eine Gesamttheorie einer kosmologischen Entwicklung gibt, die eine kosmologische Evolution aufzeigt? Eine physikalische Evolution, später eine chemische, die dann in das planetarische Geschehen vor dem Leben und zuletzt in die Darwinsche Lebensevolution einmündet?

P: Das ist alles sicher in Ordnung. Durch eine Evolution des Kosmos wird sehr viel erklärt.

Wahrscheinlichkeit und der Zeitpfeil

K: Und in dieser Gesamttheorie spielt die Boltzmann-Formel und spielt die Definition der Entropie als Wahrscheinlichkeitszustand eine große und bestimmende Rolle – wenn man nicht in die Gedankenfalle fällt, die Zermolo gelegt hat.

P: Ich würde viel weiter gehen. Ich würde sagen, daß man Boltzmann vor allem auch verehren muß als den Mann, der der Wahrscheinlichkeitstheorie zum Durchbruch verholfen hat; wenn auch noch hauptsächlich in dem Sinn, daß unser Nicht-Wissen durch die Wahrscheinlichkeit einigermaßen überbrückt und ergänzt wird. Daß sie aber in der Physik selbst und nicht nur in unserem Wissen oder Nichtwissen eine Hauptrolle spielt ...

K: Daß Wahrscheinlichkeit also ein Prinzip der Wirklichkeit ist und nicht bloß eine Stütze für unser Wissen oder Unwissen ...

P: Das ist ein sehr großer und wichtiger Schritt. Es scheint, daß die realistischen Überlegungen der Wahrscheinlichkeit mit den realistischen Überlegungen der Newtonschen Mechanik wirklich im Widerspruch stehen: Man muß die Newtonsche Physik oder die Quantenphysik oder alles das reformieren im Hinblick sowohl auf die Wahrscheinlichkeit als auch auf die Zeitrichtung. Die Physik muß die Wahrscheinlichkeit zulassen: Die Wahrscheinlichkeit als eine Art Anziehungspunkt. Höhere Wahrscheinlichkeit hat einen Anziehungspunkt in der Zeit.

K: Da Sie diesen typisch biographischen Zusammenhang

herstellen, müßte man überspitzt sagen: Aufgrund des Zermelo-Einwandes hätte sich eigentlich nicht Boltzmann, sondern Newton umbringen müssen ...

P: Ja, wenn man will. Ich meine, Newton hat sehr viele Gründe gehabt, sich nicht umzubringen. Er hat eine unwahrscheinlich gute Theorie aufgebaut. Das ist klar. Aber der Widerspruch, der von Poincaré dargestellte Widerspruch, existiert in der Newtonschen Physik und nicht nur in der Newtonschen Physik, sondern auch in der Quantenphysik. Da hätten sich Heisenberg und Schrödinger umbringen müssen, sozusagen. Und dieser Widerspruch ist dort zu bereinigen. Ilya Prigogine hat dazu sehr wichtige Anregungen gegeben.

K: Also diese Bereinigung ist im Gange. Es geht hier um eine noch ungelöste Aufgabe unserer Zeit.

P: Eine noch zum Teil ungelöste Aufgabe, ja.

»Was ist Leben?« – eine Frage, noch keine Antwort

K: An dieser Stelle ist festzuhalten, daß die Evolution des Kosmos, wenn man sie in einer Richtung ablaufend sieht, mit dem Entropie-Vorgang nach Boltzmann in einem scheinbaren Widerspruch steht, weil ja die Ordnung des Universums in Richtung Evolution neg-entropisch, der Entropie scheinbar entgegengesetzt ist. Die aktuelle Antwort, neuerdings vielfach publiziert und bekannt: Neg-entropische Evolution ist nur in energiedurchfluteten Systemen, wie unser Planet eines ist, möglich. Aber es ist doch neg-entropische Aufschaukelung von Ordnung, die der primären Aussage des zweiten Hauptsatzes scheinbar entgegensteht. Wie kommt es in dieser Sicht zu Ihrer Auseinandersetzung mit dem österreichischen Nobelpreisträger Schrödinger? Er hat ja diese Boltzmannsche Entropie-Definition, genau gesagt die Neg-Entropie-Definition, übernommen und zu einer eigenen Theorie ausgebaut.

P: Schrödinger hat Boltzmann über alles verehrt – er hat ihn als seine erste Liebe in der Physik bezeichnet, und keine andere Liebe ist ihr gleichgekommen. Er hat aber vor allem auch

Boltzmanns Antwort an Zermelo akzeptiert. Und er hat diese Antwort an Zermelo als wesentlich für Boltzmann empfunden. Er war daher Idealist im Hinblick auf den Zeitpfeil. Das ist sehr wichtig. Ich bin Realist im Hinblick auf den Zeitpfeil.

K: Wenn Schrödinger in dieser Frage – Ihrer Meinung nach – irrt, wenn er also wie Boltzmann in die Zermelo-Falle gegangen ist: Was hat das mit der Bewertung seiner Definition des Lebens als neg-entropischer Prozeß zu tun, den er von Boltzmann übernommen hat und mit dem er ungeheuer viel Licht in dieses Jahrhundert gebracht hat? Denn sein Buch *Was ist Leben?* hat ja schon 1945 für den Rest des Jahrhunderts Aufschluß über das größte Rätsel des Lebens gegeben.

P: Sein Buch ist ein wunderbares Buch. Aber gerade seine Feststellung, daß Leben sozusagen Neg-Entropie aus der Umgebung saugt – diese Antwort ist meiner Meinung nach merkwürdig unkritisch. Denn er sagt nirgends, daß das nicht nur für das Leben gilt, sondern auch für jeden ölgefeuerten Ofen oder Motor. Denn auch dieser saugt Öl aus seiner Umwelt, also negative Entropie.

K: Hier muß ich mit Bezug auf Ihre Welt-3-Theorie vorgreifen: Maschinen sind doch Produkte der höchsten Lebensstufe und folgen einer Gesetzmäßigkeit, die dem Leben abgelauscht ist.

P: Das mag sein, aber man kann nicht sagen, daß das, was charakteristisch für einen Thermostat ist, charakteristisch für das Leben ist.

K: Aber wenn das Leben selbst seine Geheimnisse reproduziert ...

P: Das ist eine Ausrede. Wenn wir das Leben charakterisieren wollen, müssen wir eben das Leben nehmen, im Gegensatz zu einem Motor. Das Auto hat einen Tank mit Benzin und saugt aus diesem Neg-Entropie – negative Entropie. Daß wir das dem Leben abgelauscht haben, mag sehr richtig sein, aber es ist nicht Leben.

K: Maschinen sind in diesem Sinne verlängerte Organe des Menschen.

P: Aber Sie werden doch nicht sagen, daß jeder Schraubenzieher schon ein Modell des Lebens ist!

K: Hier kommt eine wichtige Frage für den, der Ihre Bücher liest: Sie schließen sich nicht voll der vorherrschenden, der zunehmend vorherrschenden Vorstellung an, daß das Leben durch Hochschaukelung von Ordnungsprozessen aus der ungeordneten Materie entstanden sein könnte.

P: Ich bestreite es nicht, aber ich bin nicht vollkommen überzeugt davon. Ich bin eher dafür als dagegen.

K: Sie würden es gerne glauben.

P: Ich würde es gerne akzeptieren, aber wir sind noch nicht ganz soweit, so etwas behaupten zu können. Was vorliegt, ist ein Forschungsprogramm.

Darwin und das Pfauen-Rätsel

K: Hier muß ich wohl festhalten: Für Sie sind ja – bei aller Akzeptierung und Bewunderung – der Darwinismus und vermutlich auch jede weitergehende evolutionäre Gesamtsicht der Welt vom Typus Urknall keine Theorie im wissenschaftskritischen Sinn, sondern eine metaphysische Forschungsanordnung.

P: Das muß ich korrigieren. Das habe ich zwar noch in meiner Autobiographie geschrieben, aber ich habe dem etwas hinzugefügt: In einem Vortrag über Darwin am Darwin-College in Cambridge habe ich meine Auffassung einigermaßen revidiert. Genau gesagt: Ich habe sie schon vorher revidiert, aber dort habe ich meine Meinung zum ersten Mal veröffentlicht. Ich habe in diesem Vortrag ausgeführt, daß die Darwinsche Theorie der sexuellen Auslese als eine Art Falsifizierung der ursprünglichen Darwinschen Selektionstheorie zu betrachten ist. Die Falsifizierung ist, sagen wir, der Pfau. Der Pfau ist im Sinne der Selektionstheorie nicht gut angepaßt. Das gibt Darwin zu. Also er akzeptiert den Pfau als Falsifikation seiner Theorie und erklärt das Phänomen durch die Theorie der sexuellen Auslese, also durch eine neue Theorie.

K: In einem Teilsystem der Evolution sind Pfauenfedern von Vorteil, weil sie die Weibchen beeindrucken.

P: Das ist eine andere Theorie als die der natürlichen Auslese, die Anpassung erfordert. Hier wird nicht Anpassung an die Gesamtumwelt gefordert, sondern Auffälligkeit.

K: Verstehe ich richtig: Die Sexualität ist eine Darwinsche Anpassung an die Wirklichkeit, die hohe Evolutionsvorteile und Überlebensvorteile bringt. Innerhalb der Sexualität jedoch gibt es Vorgänge, die der Anpassung widersprechen. Hirschgeweih, Pfauenfedern und so weiter.

P: Die dem Anpassungsgebot widersprechen. Und daher kann man wirklich sagen, daß die ursprüngliche Evolutionstheorie eine wissenschaftliche Theorie ist. Sie ist ein Forschungsprogramm, ein falsifiziertes Forschungsprogramm.

K: Also ein falsifizierbares, in Ihrem Sinne somit ein wissenschaftliches.

P: Die Anpassungstheorie ist falsifizierbar und kann revidiert werden. Und die andere Theorie, die erklärt, wie es zu der Falsifikation kommt, ist die Theorie der geschlechtlichen Auslese. Diese Theorie ist eine Zusatztheorie.

K: Das wäre also nur die Widerlegung einer Darwin-Theorie I, der sofort eine modifizierte Darwin-Theorie II folgt. Aber womit kann man die Darwinsche Evolutionstheorie als Ganzes falsifizieren?

P: Das ist schwierig. Das müßte das Auffinden eines Organismus sein, sagen wir, der geschlechtslos ist, aber doch Geweihe oder Pfauenfedern trägt.

K: Oder der überhaupt nicht in die Evolution hineinpaßt, der nach keinem denkbaren Gesetz der Evolution zustande gekommen ist ...

P: Konkret: Geweih oder Pfauenfeder in einem geschlechtslosen Organismus. Das wäre eine Falsifikation. Dann entsteht ein neues Problem, das vielleicht mit einer ähnlichen Erweiterung der Theorie zu erklären ist.

K: Es gibt mehrere solche Erweiterungen der Theorie. François Jacob spricht ausdrücklich vom »Tinkering«, vom »Herumzuprobieren« der Natur. Das erklärt nötigenfalls jede Pfauenfeder.

P: Das unterstützt die Darwinsche Theorie.

K: Durch »Tinkering« in einem Teilbereich der Welt, in dem keine großen Widerstände auftreten, lassen sich natürlich spielerische Formen sehr wohl erklären: In einem günstigen Lebensraum, wo nicht sofort falsifiziert wird, kann durch »Tinkering« jede Verrücktheit entstehen. Hier ist also keine zwingende Widerlegung gegeben.

P: Aber das wäre ja doch eine Erweiterung der Theorie. Um eine Widerlegung zu bekommen, müßte man sich in einem Gebiet umsehen, in dem es keinen breiten Raum für das »Spiel« gibt, wo scharfe Zuchtwahl stattfindet. Wenn dann trotzdem spielerische Formen entstehen, könnte man von einer Widerlegung sprechen.

Weiße Schwäne – schwarze Schwäne

K: Das alles hat ja mit Ihrer Auffassung von Induktion und Deduktion zu tun. Dazu eine ergänzende Frage: Man hört von verschiedenen Ihrer Kritiker Einwände gegen Ihre Absage an den Induktivismus in der mißverständlichen Form, als hätten Sie, Herr Professor, die Induktion überhaupt geleugnet, also nicht nur die Induktion als ein Instrument der Verfikation, der Bestätigung von Wahrheiten, sondern als Instrument der »Materialsammlung«. Ich meine hier Mechanismen der Natur und des Geistes, die Formen entstehen lassen, die dann Gegenstand der Falsifikation sind. Es scheint, als ignorierten sie diesen Aspekt der Welt.

P: Zunächst möchte ich sagen, daß ich die Induktion als eine gültige logische Form der Wahrheitsfindung ablehne. Es gibt keine Theorie der Induktion, die auch nur einigermaßen haltbar ist. Es gibt vor allem keine Theorie, die klar sagt, was induktive Formen des Schlusses sind. Was ist ein induktiver Schluß? Es gibt ihn überhaupt nicht, und anscheinend induktive Schlüsse stellen sich als ungültig heraus. Die Philosophen haben darauf seit Wittgenstein, aber auch schon vorher, ungefähr folgendermaßen reagiert: Sie haben gesagt, es gibt deduktive Gültigkeit und induktive Gültigkeit, und meine Kritik ist nicht mehr, als daß ich sage, daß induktive Gültigkeit nicht deduktive Gültigkeit ist. Ich nehme sozusagen die deduktive Gültigkeit als Muster und zeige dann, daß die induktive Gültigkeit diesem Muster nicht entspricht ...

K: Der 3765. weiße Schwan zum Beispiel beweist nicht, daß alle Schwäne weiß sind, aber der erste schwarze Schwan beweist, daß *nicht* alle Schwäne weiß sind ...

P: Ja, gut. Das ist ein Beispiel für meine Position, wenn Sie wollen. Aber es ist nicht der Punkt, auf den ich hier gezielt habe. Die Leute, die diese Theorie aufrechterhalten, sagen, es gibt eine spezifisch induktive Gültigkeit und eine spezifisch deduktive Gültigkeit; es sei aber falsch zu sagen, die Induktion sei ungültig, denn das bedeute ja nichts anderes als den Versuch, Kriterien der Gültigkeit, die für die Deduktion gelten, auf die Induktion zu übertragen. Das wird mir im wesentlichen vorgeworfen. Aber dazu müßte man erst Regeln des induktiven Schließens haben. So etwas gibt es aber nicht: Ich habe bewiesen, daß die Wahrscheinlichkeitsrechnung der Induktionstheorie widerspricht.

K: Also reduziert sich das, was man als Induktion bezeichnet, auf ein Herumprobieren. Auf ein Herumprobieren unseres Geistes ...

P: Das ist natürlich meine Theorie. Und sie zeigt, daß das, was viele für Induktion halten, einfach ein Mißverständnis der Deduktion und Selektion ist. Probieren ist selbstverständlich der Typus des deduktivistischen selektiven Vorgehens. Man erfindet etwas und probiert es aus. Das heißt: Man setzt es der Selektion aus.

Das Hirn ist schöpferisch

K: Aber was ist dann der Vorgang des Erfindens?

P: Das ist wieder eine andere Frage. Ich wiederhole den oft gehörten Haupteinwand gegen meine Theorie: Ich hätte die Kriterien, die für Deduktion gelten, auf die Induktion angewandt und dann gefunden, daß sie natürlich nicht auf die Induktion passen. Meine Antwort darauf ist etwas ganz anderes als diese Sache mit dem Probieren: Meine Gegner haben nie einen induktiven Schluß charakterisiert. Es gibt deduktive Schlüsse. Sie aber appellieren an eine induktive Schlußweise, von der niemand sagen kann, worin sie eigentlich besteht. Die sogenannten induktiven Schlüsse sind ganz offenkundig nicht gültig. Zum Beispiel der Schluß, daß Tag und Nacht einander immer innerhalb von 24 Stunden folgen. Dieser Schluß ist induktiv nicht gültig, weil er nicht für die Polargebiete gilt; wäre er induktiv gültig, müßte er auch für die Polargebiete gelten. Und so ist es mit jedem induktiven Schluß: Er stimmt einfach nicht. Wenn man sich auf die Induktion verläßt, kommt man zu einem falschen Resultat.

K: Man kommt zu einer Vermutung.

P: Nein. Man kommt zu einem falschen, sich auf Schlüsse berufenden Dogma. Eben nicht zu einer Vermutung.

K: Nicht doch vorher zu einer Vermutung?

P: Das ist etwas ganz anderes. Zu sagen, ich schließe die Induktion aus, indem ich niemandem erlaube, eine Vermutung anzustellen, ist Unsinn. Ich schlage ja immer vor, mit unbegründeten Vermutungen zu arbeiten. Aber da geht es um keinen induktiven Schluß.

K: Auf das wollte ich hinaus: Das Zusammentragen von Erfahrungselementen oder gar das Zusammenbauen zu sinnvoll scheinenden Ordnungen ist also für Sie nicht verboten. Nur ist das Produkt nicht die Wahrheit, und schon gar nicht irgendein Beweis.

P: Das Produkt ist eine Vermutung. Wie wir also zu der Vermutung kommen, ist eine durchaus offene und verhältnismäßig unwichtige Angelegenheit. Das ist vielleicht psychologisch interessant ...

K: Ob man durch Kaffee- oder Teetrinken ...

P: Ob man durch Kaffeetrinken oder Teetrinken oder Whiskytrinken oder Biertrinken zu einer Vermutung kommt oder durch Induktion in diesem Sinne, nämlich in diesem vagen Sinne von Induktion, die keine Schlußweise ist, spielt keine Rolle.

K: Ob also nach der neuesten Hirnhemisphärentheorie insbesondere in der Nacht unsere rechte Hirnhälfte induktiv kreativ denkt, damit ihr Produkt dann am Tag in der linken Hirnhälfte deduktiv überprüft wird – ist auch das egal?

P: »Induktiv kreativ« ist ganz falsch. Induktiv ist *nichtkreativ.* Wenn Sie sagen »induktiv kreativ«, dann meinen Sie: Wir kommen zu unserer Vermutung durch Induktion; jede Vermutung ist kreativ, so ist das Kreative induktiv. Das halte ich für unrichtig. Die Induktionstheorie ist die Theorie, die versucht, die Kreativität unseres Geistes zu negieren und zu sagen, alles kommt nur von außen. Wir müssen nur unsere Augen öffnen, und da kommen dann die Dinge herein. Tatsache ist, daß das Augenöffnen schon kreativ in einem anderen Sinne ist: Wir konkretisieren, was wir sehen. Die Interpretation dessen, was wir mit unseren Augen sehen, hängt schon mit kreativen Vorgängen im Gehirn zusammen. Konrad Lorenz hat mir vorgeworfen, daß ich nie über Gestaltwahrnehmungen spreche. Ich habe ihm darauf geantwortet, Gestaltwahrnehmungen sind Theorien. Sie enthalten ein kreatives Element. Sie enthalten eine Theorie, die wir dem Material aufdrücken.

K: Auferlegen ...

P: Ja, im Kantischen Sinne, indem wir unsere Verstandesgesetze der Natur auferlegen. In dem Sinn geben wir aber nicht einfach Gesetze des Verstandes wieder, sondern wir machen Erfindungen. Und das tun wir schon in der Wahrnehmung: Wenn ich wahrnehme, habe ich schon meine Hypothesen, die mir sagen, daß da eine Glastüre ist, auch dann, wenn ich sie nicht wirklich sehe ...

Die Welt ist schöpferisch

K: Hier kommt aber doch die Antwort der Evolutionären Erkenntnistheorie, daß eben diese apriorischen Voraussetzungen unseres kognitiven Apparates Erlerntes der Evolution sind, also die frühe Stufe eines Lernvorgangs, der – wenn man schon die Reizworte induktiv-deduktiv gebraucht – als induktiver aufzufassen sein könnte.

P: Ich würde ganz im Gegenteil sagen: der seiner Natur nach eben ein deduktiver ist. Das Grundproblem ist: Sind wir schöpferisch oder nicht? Und ich glaube, darauf ist die Antwort sehr klar: Ja, wir sind schöpferisch. Es gibt einen Mozart, es gibt einen Beethoven, es gibt einen Einstein, es gibt einen

Boltzmann – also sind wir schöpferisch. Das sind Leute, die etwas Neues erfunden haben, das bestimmt nicht durch ...

K: Durch bloßes Zusammenkommen von Einzelelementen.

P: Das auch nicht bloß angeboren war, sondern das diese Leute wirklich produziert haben. Nun sage ich: Wir sind alle schöpferisch und ursprünglich. Alle unsere Reaktionen sind schöpferische Reaktionen, die etwas Neues schaffen, und aus diesen vielen neuen Schöpfungen wird dann durch die Selektion das Beste ausgesucht. Und das erklärt auch die sogenannte Induktion: Nehmen wir einen trivialen Fall, in dem die Leute von Induktion sprechen, nämlich den Fall der vielen weißen Schwäne, die zu dem Satz führen: Alle Schwäne sind weiß. Was geht denn wirklich vor sich? Was wirklich vor sich geht, ist, daß wir auf einen weißen Schwan mit der Hypothese reagieren – einer schöpferischen Hypothese –, alle Schwäne seien weiß. Warum ist das eine *schöpferische* Hypothese? Weil sie weit hinausgeht über das, was wir gesehen haben. Und diese schöpferische Hypothese wird dann festgehalten. Wir versuchen, sie auf die Welt zu pressen, bis es nicht mehr geht. Und das ist so bei allen anscheinenden oder sogenannten Induktionen. Wir reagieren schöpferisch auf irgend etwas in der Welt, und diese schöpferische Reaktion wird dann überprüft und gegebenenfalls durch die Welt zerschlagen. Die Welt zeigt uns, daß unsere Annahme falsch war. Das ist der allgemeine Vorgang, nur daß die schöpferische Reaktion sehr oft viel weitergeht als in diesem Fall. Wir reagieren auf einen weißen Schwan mit der schöpferischen Hypothese, daß alle Schwäne weiß sind – ein trivialer Fall, ein verhältnismäßig trivialer Fall. In Wirklichkeit reagieren wir durch ganz andere Systeme, und sehr oft ist die Auslese sehr viel interessanter. Zum Beispiel auf die Beobachtung, daß innerhalb von 24 Stunden Tag und Nacht wechseln, haben schon die frühgriechischen Kosmologen mit der Vermutung reagiert, daß die Erde eine Kugelgestalt hat – mit allen Konsequenzen, unter anderem der, daß es in der Nähe des Nordpols und des Südpols nur einmal im Jahr Tag und Nacht gibt. Trotzdem wurde der erste Bericht über die Mitternachtssonne und das gefrorene Meer als die typische Lüge, als die Aufschneiderei eines Reisenden betrachtet.

K: Zurück zur Frage Induktion-Deduktion: Es ist ja eine Frage der Terminologie, um die es hier geht...

P: Nein: Wenn man bei Induktion meint, was man gewöhnlich meint, nämlich eine Form des Schlusses, den man in der Wahrheitsfindung verwendet, würde ich sagen: Es ist ein Mythos, daß je induktive Schlüsse formuliert worden sind, daß es überhaupt induktive Schlüsse gibt. Es ist zu offenkundig, daß alles, was man mit Induktion gemeint hat, als Schluß ungültig ist.

K: Daß das alles nicht der Wahrheitsfindung dient und schon gar nicht der Beweisführung...

P: Was die Induktivisten gesehen haben, ist, daß wir durch Versuch und Irrtum zu Verallgemeinerungen kommen. Aber Versuch und Irrtum ist ja nicht Induktion, sondern eben Vermutung und Auslese. Die Induktivisten haben also die innere logische Form von Versuch und Irrtum mißverstanden. Sie haben nicht gesehen, daß der Versuch immer eine Vermutung und der Irrtum immer eine Selektion, also eine Falsifikation, ist. Und sie haben daher überhaupt nicht gesehen, daß ihr typisches Beispiel von Induktion eigentlich ein deduktivistisch falsifikationistisches Modell ist, nämlich das Modell von Versuch und Irrtum.

K: Hier schiebt sich also zwischen das Zusammentragen von Erfahrungselementen – Stichwort Induktion – und zwischen das Falsifizieren durch Deduktion einer Hypothese doch der Vorgang, der die eigentliche Hypothesenbildung bewirkt: die gestaltende, die kreative Kraft, die aus den induktiven Einzelheiten eine Hypothese eine Theorie macht. Die ist Ihrer Meinung nach durch den Begriff der Induktion nicht gedeckt. Sie ist nicht Induktion. Was ist sie aber dann? Denn Deduktion ist sie doch nicht.

P: *Schöpfung.* Die Welt ist schöpferisch. Das stellt sich klar heraus darin, daß sie einen Mozart geschaffen hat, der Mozart-Werke schaffen kann. Mozart hat zweifellos eine Menge von seinem Vater, von Bach und von italienischen Meistern gelernt. Aber zu sagen, Mozarts Musik sei nichts weiter als die Verallgemeinerung alles dessen, wäre lächerlich. Es ist ganz klar, daß die Tatsache, daß er eine Menge gehört hat, bevor er komponierte, den Wert seiner Schöpfungen nicht in Frage stellt.

K: Aber das heißt, hier fehlt doch irgend etwas in der Verständigung zwischen Ihnen und Ihren Kritikern und vielleicht zwischen Ihnen und Ihrem Publikum. Wenn man das Problem als einen Gegensatz von Induktivismus und Deduktivismus darstellt, fehlt ja ein wesentliches Element – der »Kreativismus«.

P: Ja, natürlich.

K: Aber woher kommt das Schöpferische?

P: Das habe ich sehr oft gesagt. Immer wieder gesagt. Der Gegensatz von Induktivismus und Deduktivismus bezieht sich nur auf die Logik, bezieht sich nicht auf den kreativen Vorgang. Das ist ja eben der Fehler des Induktivismus. Er will durch die Induktion den kreativen Vorgang ersetzen. Der scheinbare Gegensatz bezieht sich nur darauf, daß ich sage: Außer der Deduktion gibt es keine logische Schlußform. Die sogenannte Induktion ist keine solche. Wenn nun Leute sagen, das ist die kreative Form, sage ich: Die Induktion, wenn es sie gäbe, wäre eine mechanische, eine nichtkreative Form, die sich uns aufdrängt. In Wirklichkeit drängt sich uns nichts auf, sondern wir sind schöpferisch, und wir kommen immer wieder durch schöpferische Akte zu neuen Theorien. Darauf sagt der Induktivist, der eigentlich ein Positivist oder ein Mechanist ist und der das Kreative im Menschen nicht wahrhaben will: Na ja, das drängt sich eben von außen auf. Das sind etwa die Sinneseindrücke, die uns informieren, oder die Mutationen nach Darwin oder Bifurkationen nach Prigogine – oder wie immer man sie nennt. Wie nennt sie Lorenz?

K: Fulgurationen ...

P: Aber es gibt eben diese schöpferischen Akte, und das ist es, was die Welt interessant macht und was das Leben interessant macht. Das Leben ist, ja die Welt ist, bevor es Leben gibt, schöpferisch; aber der Beweis kommt erst durch das Leben, und der ganz entscheidende Beweis erst durch Mozart.

Die Verwirklichungstendenz – ein schöpferisches Prinzip

K: Sie haben selbst die Analogie hergestellt zwischen dem vorläufigen oberen Ende der Evolution, nämlich unseren Denk-

und Schluß- und Philosophieproblemen und dem Beginn, dem Ingangkommen der Evolution des Lebens. Hier geht es ja auch um dieselbe Grundfrage. Wenn wir uns jetzt geeinigt haben, daß das kreative Element das eigentlich Wichtige ist, müßte man ja dasselbe Modell auch ganz am Anfang vorfinden, wo es noch keinen Geist gibt.

P: Versuch und Irrtum geht durch alles ...

K: Zu den neuesten Bemühungen in dieser Richtung gehört etwa die von Ihnen erwähnte Bifurkationstheorie von Prigogine: Irgend etwas teilt sich auseinander, fächert sich auf, macht Diversifikationen, die natürlich dann der Falsifikation unterliegen.

P: Das Wichtige dabei ist, daß der Determinismus zusammenbricht, wenn man diese Bifurkation annimmt. Bifurkation heißt, daß aus denselben Voraussetzungen wenigstens zwei verschiedene Resultate herauskommen können. Es ist nicht determiniert, wer in diese und wer in jene Richtung gehen wird. Es gibt nur eine Wahrscheinlichkeit dafür. Das ist das, was ich Propensität nenne ...

K: Verwirklichungstendenz ...

P: Ja, Verwirklichungstendenz. Es gibt Verwirklichungstendenzen in dieser und Verwirklichungstendenzen in jener Richtung. Sie führen dann dazu, daß soundso viel Prozent in die eine Richtung gehen und soundso viel Prozent in die andere ...

K: Dort ist die Wurzel der Mutation zu finden, dort ist die Wurzel auch dessen, was bei Lorenz in der Folge zur Fulguration führt, was bei Eigen die Hyperzyklusbildung bewirkt, und so weiter.

P: Das ist das Kapitel, das ich in *The Self and Its Brain* nicht mehr schreiben konnte. Ich weise schon früher darauf hin auf diese Propensität. Aber daß diese Propensität sozusagen die Brücke zwischen den verschiedenen kosmologischen Voraussetzungen und der Menschheitsentwicklung ist, das habe ich nicht mehr geschrieben.

K: Wenn Prigogines Bifurkation die Propensität von Karl Popper ist, dann ist doch festzuhalten – wie ja auch Prigogine eindeutig feststellt –, daß es sich um die Bildung »dissipativer Strukturen« handelt – ein scheinbarer Widerspruch verbaler

Natur, der die Anordnung »negativer Entropie« in einem energiedurchfluteten System möglich macht: Aufschaukelung von Unordnung zu Ordnung.

P: Daß das Leben auf diese Weise entsteht, ist eine sehr interessante und sehr wichtige Hypothese und eine Hypothese, die ich in keiner Weise angreifen möchte. Aber es ist, wie schon gesagt, nicht mehr als eine Hypothese.

Was wird, ist noch nicht dagewesen

K: Sie haben das schon relativiert. Nun zum Vorgang selbst: Ich suche darin nach Ihrer Vorstellung von Kreativität. Ist nicht doch auch Induktivität im Spiel, die sich in der Bifurkation abbildet? Es bilden sich Alternativen, verschiedene Angebote, Mutationen ...

P: Warum nennen Sie das Induktivität?

K: Weil hier doch Alternativen entstehen, Elemente einer möglichen Ordnung.

P: Was ist da induktiv? Die Induktion sagt doch im wesentlichen: Es gibt nichts Neues. Wenn ich eine Million weißer Schwäne gesehen habe, dann kann ich mich darauf verlassen, daß alle Schwäne weiß sind. Induktion sagt: Alles ist Wiederholung.

K: Sie meinen also, die Bifurkation ist der Keim der Kreativität ...

P: Natürlich. Der Keim der Nichtinduktivität. Bifurkation heißt: Es geht nicht so weiter und weiter, es kommt etwas anderes, etwas Neues heraus. Die Induktion versucht zu sagen: Es war immer schon so, und so wird es weitergehen. Das Induktionsprinzip von John Stuart Mill bedeutet: »The uniformity of nature« – die Gleichförmigkeit der Natur. Die Zukunft wird ähnlich sein wie die Vergangenheit. Das kreative Prinzip hingegen sagt: Die Zukunft wird *nicht* wie die Vergangenheit sein.

K: Das hieße: Das Angebot an Vielfalt, das in der Biologie später Mutation heißt, also das Angebot zur Auswahl, ist die Wurzel des Kreativen. Und die Formen, die sich daraus bilden, entstehen durch das Zusammenspiel von Vielfaltsangebot und Falsifikation.

P: Falsifikation oder Selektion. Und die Falsifikation ist dann das, was mit der Logik zusammenhängt, mit der Deduktion. Deduktion gegen Induktion kommt nur ins Spiel, wenn man die Sache vom logischen Standpunkt betrachtet. Vom biologischen Standpunkt aus betrachtet, geht es um Mutation und Selektion (und gegen die Vererbung erworbener Eigenschaften).

K: Die Bifurkation, die Aufgabelung, ist in diesem Sinne ein kreatives Element.

P: In diesem Sinne kreativ. Sie bringt etwas hervor. Sehr oft sind die Mutationen natürlich nichts Neues, sie wiederholen sich oft immer wieder. Aber im Prinzip entsteht das Neue durch Mutation. Es gibt Propensitäten, Verwirklichungstendenzen. Das will der Determinismus nicht wahrhaben. Er sagt: Es gibt nichts Neues unter der Sonne. Ich aber sage: *Es gibt Neues unter der Sonne.* Sie sehen also: Die Induktion leugnet, daß es etwas wirklich Neues gibt. Sie sagt: Die Zukunft wird so sein wie die Vergangenheit. Das Deduktionsprinzip, wenn Sie wollen, das Kreativitätsprinzip, ist das Prinzip des Nichtdeterminismus, des Indeterminismus, das es ermöglicht, daß neue Dinge entstehen.

K: Im Zusammenwirken mit dem Selektionsprinzip ...

P: Im Zusammenwirken mit dem Bifurkationsprinzip und den Verwirklichungstendenzen, die durch Kritik, durch Selektion, neue Wirklichkeiten schaffen.

Organe sind Hypothesen

K: Was bedeutet das alles in bezug auf die Evolutionäre Erkenntnistheorie, vor allem in bezug auf die in letzter Zeit popularisierte Version der Evolutionären Erkenntnistheorie, die in den vorhin zitierten Sätzen von Boltzmann eigentlich schon in völliger Klarheit enthalten ist und von Konrad Lorenz – parallel dazu auch von Donald Campbell – ein halbes Jahrhundert später ein zweites Mal entwickelt wurde? Dabei geht es mir um das Herausarbeiten des Unterschieds. Die Evolutionäre Erkenntnistheorie Boltzmanns, insbesondere in der Lorenzschen Version, heißt schlicht und einfach, in Weiterführung von Immanuel Kant: Die Apriori sind in der Sicht der Evolution die Aposteriori unserer Stammesgeschichte. Das, was wir nicht lernen können, weil es unsere Gattung in Milliarden Jahren bereits »gelernt« und in das Genom eingeprägt hat, durch Mutation und Selektion, finden wir in unserem Hirn als Denkvoraussetzung vor. Damit scheint sich – es gibt ja hier auch Widerspruch von verschiedensten Seiten – die Problematik unseres kognitiven Systems, die Problematik unseres Geistes aufzuheben: Unser Geist ist das zweistufige Produkt der Evolution und sieht nun, sich selbst doppelt erkennend, auf die Evolution zurück. Das ist in der Nußschale die Evolutionäre Erkenntnistheorie, wie sie jetzt publiziert wird. Aus Ihrer Sicht – die Evolutionäre Erkenntnistheorie hat ja eine starke, eigenständige Wurzel in Ihrem Lebenswerk – ist das aber etwas komplizierter, scheint mir.

P: Aus meiner Sicht ist das alles vor allem viel reicher. Was Sie sagen, das sind nur die Anfänge. Selbstverständlich sind diese zwei Sätze von Boltzmann richtig. Mir ist der erste wichtiger als der zweite ...

K: Nochmals:

> Das Gehirn betrachten wir als den Apparat, das Organ der Herstellung der Weltbilder, welches sich wegen der großen Nützlichkeit dieser Weltbilder für die Erhaltung der Art entsprechend der Darwinschen Theorie beim Menschen geradezu zu besonderen Vollkommenheit herausgebildet hat wie bei der Giraffe der Hals.

P: Ich würde, statt bloß von Weltbildern zu sprechen, überhaupt unser Wissen, unsere Orientierung in der Welt und unser Wissen von der Welt, einschließlich natürlich des theoretischen Wissens, einbeziehen. Und da gibt es eine Unmenge von Stufen. Während der Induktivist von Beobachtungen ausgeht, also von einzelnen Sinneseindrücken, habe ich immer betont – noch bevor das anatomische Substrat in Form von Zellen im Gehirn entdeckt wurde –, daß unsere Sinnesorgane, die ja die Sinneseindrücke bestimmen, Produkte von Hypothesenbildung sind.

Die Bildung von Organen ist der Hypothesenbildung völlig analog. Ebenso wie die Hypothese ein Versuch ist, uns in der Natur zurechzufinden, sind die Organe Versuche, die Welt zu bewältigen. Wenn die Sinnesorgane, die unsere Sinneseindrücke bestimmen, Hypothesen sind, dann sind unsere Sinneseindrücke von vornherein hypothetischer Natur, und die Wahrnehmungen, die die Verarbeitung der Sinnesorgane sind, sind weitere Hypothesen. Ich habe Konrad Lorenz auf seinen Vorwurf, daß ich die Gestalterlebnisse vernachlässige, geantwortet: Die Gestaltpsychologie behauptet, daß Hypothesen Gestalten sind. Damit kann ich nichts anfangen. Ich behaupte aber, daß die Gestalten Hypothesen sind. Damit kann man eine Menge anfangen. Das heißt: Wenn ich die Welt anschaue und eine Gestalt sehe, so entspringt diese dem Sinnesorgan selbst. Wahrnehmungselemente, Sinneseindrücke sind das Produkt der Verarbeitung durch den Organismus im Interesse unserer Selbsterhaltung, im Interesse unserer Anpassung. Und die Gestaltwahrnehmung enthält Antizipationen. Antizipationen dessen, was der wahrgenommene Gegenstand für uns bedeutet. Was hier vorgeht, entspricht dem, was später in der geistigen Welt Hypothese genannt wird. Unsere Augen sind ein Versuch und, wie wir jetzt finden, auch ein Irrtum, da es Wellenlängen gibt, die unser Auge nicht bewältigen kann, die wir anders, durch verbesserte Augen, sehen müssen. Also alle unsere organischen Hypothesen sind nicht optimal. Sie sind sehr gut, weil sie durch Selektionen ausgewählt werden, können aber verbessert werden.

K: Darf ich noch einmal im Abschneideverfahren zusammenfassen: Die Organe der Lebewesen sind Lebensbewältigungsinstrumente. Der kognitive Apparat als ein Organ ist daher primär ein Lebensbewältigungsinstrument mittels der Fähigkeit, die Umwelt darzustellen, was ja einen Überlebensvorteil ergeben muß.

P: Das Wichtigste ist hier die Vorwegnahme von realen Lebensumständen. Und diese Vorwegnahme ist eben hypothetisch. Wenn ich also die Gestalt eines Sessels sehe, habe ich die Hypothese im Kopf, daß man sich draufsetzen kann. Das ist Teil der Wahrnehmung. Darin geht die Wahrnehmung grundsätzlich über die reinen Signalinhalte hinaus.

K: Das heißt, der biologische Zweck des kognitiven Systems ist die Vorwegnahme der Wirklichkeit. Mit dem entsprechenden Überlebensvorteil kann ich die Wirklichkeit vorwegnehmen, kann ich besser überleben.

P: Und daher spielt auch schon die Zeitrichtung eine so ungeheuer wichtige Rolle. In der Vorwegnahme. Die Evolution ist das Produkt der Vergangenheit, aber mit Hinblick auf die Vorwegnahme der Zukunft.

K: Das heißt, es muß diesem System grundsätzlich eine Abstraktionsfähigkeit innewohnen, da ohne eine solche eine Vorhersage, eine Vorwegnahmefähigkeit nicht denkbar ist. Nähern wir uns hier der Besonderheit *Ihrer* Evolutionären Erkenntnistheorie?

P: Meine Theorie, so scheint es mir, geht weiter als andere, die diese Bezeichnung reklamieren: Entscheidend ist die Vorwegnahme. Unser Gehirn und unsere Sinnesorgane sind auf Vorwegnahme hin gebaut und selektiert worden. Jede Vorwegnahme ist eine Hypothese, und daher sind unsere Organe selbst Hypothesen. Wahrnehmung ist nichts anderes als Vorwegnahme der Wirklichkeit. Diese Vorwegnahme ist den Zellen unseres Gehirns auferlegt, die unsere Wahrnehmung klassifizieren und ordnen. Daher ist die Wahrnehmung eine Hypothese, die Gestaltwahrnehmung im besonderen eine Hypothese. Ich wiederhole: Im Sinne der Evolutionären Erkenntnistheorie sagt der Satz, daß Gestalten Hypothesen sind, sehr viel. Der Satz, daß Hypothesen Gestalten sind, nichts. Das war damals meine Antwort auf Konrad Lorenz, und er hat sie als richtig akzeptiert.

K: Also eine vollständige Einigung Lorenz – Popper.

Alte Apriori, neue Apriori

P: Ich sehe auch in bezug auf die Kantischen Apriori die Zusammenhänge ganz anders. Ich sehe das Wichtige des Kantischen Apriorismus darin, daß er sagt: Nicht alles kommt a posteriori aus den Beobachtungen, sondern da ist etwas, was von uns selber stammt: Der Verstand versucht, seine Ideen oder Gesetze der Natur aufzuprägen. Das ist für mich wichtig. Der andere Aspekt, daß die Apriori nämlich aus der Vergangenheit stammen, scheint mir verhältnismäßig unwichtig zu sein. Natürlich gibt es angeborene Theorien, eine Menge von angeborenen Theorien, und natürlich sind diese angeborenen Theorien zwar a priori da, aber nicht a priori gültig, wie Kant geglaubt hat, sondern nur zeitlich a priori: sie kommen vor der Beobachtung. Aber hier spielt der Gegensatz Induktivismus – Deduktivismus eine wichtige Rolle. Im Gegensatz zum Induktivismus sage ich: Die Wurzel der angeborenen Theorien ist so etwas wie eine Mutation, also etwas Schöpferisches. Das Schöpferische ist das Apriori. Es gibt also ein altes Apriori und ein neues Apriori. Beide sind schöpferisch, also nicht induktiv. Es geht in beiden Fällen um Ideen, die früher einmal – altes Apriori – oder gegenwärtig – neues Apriori – an die Welt herangebracht werden.

K: Was ist ein *neues Apriori?*

P: Das neue Apriori ist etwas, was uns nicht durch die Welt aufgedrängt, a posteriori durch die Welt aufgedrängt wird, sondern zum Teil abhängig, aber zum Teil unabhängig von der derzeitigen Welt als Hypothese aufgestellt wird, um die Welt zu meistern, als geistige Mutation sozusagen. Für mich ist viel wichtiger, daß das Apriori eine Mutation ist, mit der wir die Welt zu bewältigen versuchen. Wichtiger als die Frage, ob es aus der sogenannten Erfahrung vergangener Generationen stammt. Natürlich sind einige dieser Mutationen schon vor Millionen von Jahren eingetreten ...

K: Sie widersprechen also nicht dem Grundgedanken, daß die Apriori Aposteriori der Schöpfungsgeschichte sind.

P: Nein, von Widerspruch ist keine Rede. Ich füge jedoch hinzu: Es gibt auch jetzt ein Apriori. Es gibt ein *neues Apriori.* Das alte Apriori ist von der gleichen Art wie das neue, nur ist es früher mutiert und selektiert worden und schon in die Physiologie eingebaut, während das neue Apriori noch nicht in die Physiologie eingebaut ist.

K: Hier gibt es eine terminologische Schwierigkeit: Sie deuten das Apriori als *das Kreative,* quasi von innen Kommende, und das Aposteriori als das von außen Aufgelegte ...

P: Ganz richtig. Im wesentlichen kommt alles Neue von innen. Und das geht viel tiefer als die zitierte Boltzmann-Stelle beziehungsweise derselbe Satz bei den anderen evolutionären Erkenntnistheoretikern. Das Apriori ist die Idee – zum Teil natürlich im Zusammenhang mit älteren Ideen –, die neu auftritt. Die nicht nur heute neu auftritt, sondern vor Millionen Jahren neu aufgetreten ist. Alle apriorischen Gegegebenheiten sind Ideen – und es ist verhältnismäßig unwichtig, daß sie angeboren sind. Das gibt es natürlich auch, das habe ich auch immer gesagt: Das Angeborene ist in seiner Struktur nicht verschieden vom Erlernten. Die Mutation, die neue Idee, unterliegt der Selektion hier und jetzt, oder sie ist der Selektion durch Millionen von Jahren unterlegen. Das macht aber nicht den Unterschied. A posteriori ist das, was wir im nachhinein durch die Welt lernen – in Millionen Jahren oder gegenwärtig.

K: Vielleicht läßt sich das an einem Beispiel erklären.

P: A posteriori sehe ich, daß viele Schwäne weiß sind. Die Folgerung, daß *alle* Schwäne weiß sind, ist aber eine A-priori-Reaktion. Wir tragen im Hirn das Gesetz: Du sollst verallgemeinern – obzwar es manchmal schiefgehen wird und du manchmal Opfer einer Verallgemeinerung wirst –, aber das Gesetz: Du sollst verallgemeinern ist eine apriorische Denkform. Man kann nun in alle möglichen Richtungen verallgemeinern. Man könnte sagen: Alle Vögel sind weiß oder: Alle großen Vögel sind weiß. Also die Art, wie man dann das Gesetz befolgt, ist wieder a priori geprägt.

K: Der Grundgedanke ist aber doch der, daß Apriorisches von der Gattung in der Jahrmilliardenfolge der Evolution Erlerntes, also Aposteriorisches ist.

P: Das ist nur die Interpretation, das ist bei Kant nicht der Grundgedanke: (a) Nicht alles ist aus der Erfahrung genommen. »Aus der Erfahrung« bedeutet »a posteriori«. (b) Es ist die Struktur des Geistes, die die Erfahrungen modifiziert. Woher kommt aber diese Geistesstruktur? Durch Mutation. Und durch Selektion. Vergleichen Sie noch einmal mit Boltzmann.

K: Man kann diese Denkgesetze aprioristisch nennen, weil sie durch die vieltausendjährige Erfahrung der Gattung dem Individuum angeboren sind, jedoch scheint es nur ein logischer

Schnitzer von Kant zu sein, daß er daraus auch auf die Unfehlbarkeit in allen Fällen schließt. Nach der Darwinschen Theorie ist dieser Schnitzer vollkommen erklärlich, nur das, was sicher war, hat sich vererbt, was unrichtig war, ist abgestoßen worden.

P: Das alles ist akzeptabel. Aber es fehlt die Frage: Wie sind diese Denkvoraussetzungen erfunden worden? *Das* ist das *Apriorische!* Sind sie induktiv, das heißt, sind sie uns aufgeprägt worden durch unzählige Wiederholungen, vielleicht durch unzählige wiederholte Sinneseindrücke? Oder waren sie *Erfindungen* von uns? Ich sage, das Wichtige ist, daß sie Erfindungen waren. Das macht sie apriorisch in einem ganz anderen Sinn, als es jener Hinweis auf die Versteinerung in unserem Gehirn vermag. Das macht sie apriorisch in dem Sinn, in dem alle unsere gegenwärtigen Erfindungen und Ideen (gute wie auch schlechte Ideen) apriorisch sind, nämlich: von uns selbst geschaffen und nicht bloß von der Natur abgelesen. Das Wichtigste am Apriori scheint mir seine Kreativität zu sein, das ist das Grundlegende – alles andere ist fast selbstverständlich. Das wirkliche Problem ist: Wie sind diese Dinge entstanden? Antwort: Durch Erfindungen, durch Mutationen. Und die gibt es heute noch.

K: Wenn man also diesem erfinderischen, diesem kreativen Aspekt die Hauptbedeutung nimmt, könnte man sagen: Die Apriori, die in unserem Hirn versteinerten, festgelegten Erfahrungen der Entwicklungsgeschichte, sind kreativ zustande gekommen; daher geht auch unser Hirn mit dem aposteriorischen Material unserer lernbaren Erfahrung kreativ um. Das heißt: Das Prinzip der Kreativität, auf das Sie so großen Wert legen, umfaßt beide Lernstufen, die Stufe der organischen Evolution und die Stufe der geistigen Evolution.

P: Das Apriori ist die Kreativität. Das Aposteriorische besteht nur in der Selektion jener Erfindungen, die sich als brauchbar erweisen.

Leben ist Problemlösen

K: Herr Professor, es ist nicht meine Absicht, einen Gegensatz zwischen Ihnen und den anderen führenden Repräsentanten der Evolutionären Erkenntnistheorie zu konstruieren, doch scheint es auch in Ihrem Sinn wünschenswert, den bislang verschlampten Unterschied in seiner prinzipiellen Bedeutung herauszuarbeiten. Unser Auditorium kennt die Evolutionäre Erkenntnistheorie insbesondere aus der Sicht von Konrad Lorenz. Ich habe mit Billigung von Konrad Lorenz ein ausführliches Gespräch über sein Lebenswerk und seine Evolutionäre Erkenntnistheorie sowohl in der Fernseh- wie in einer Buchfassung mit dem Titel überschrieben: »Leben ist Lernen«. Wenn ich in der gleichen Verdichtung – oder Vereinfachung – den eben beendeten Abschnitt unseres Gesprächs übertiteln sollte, müßte ich schreiben: »Leben ist *Lehren«*. Zum Unterschied von Lorenz ist für Sie der durch Mutation und Selektion ablaufende Annäherungsprozeß der kognitiven Strukturen an die reale Welt nicht sosehr ein Vorgang der Anpassung – Lorenz spricht in plastischem Wienerisch davon, daß sich das Leben in die Fugen der Realität quasi »hineinwuzelt« –, sondern ein Prozeß der aktiven Konstruktion von Theorien und deren Erprobung durch ein scharfes Überprüfungsverfahren. Die Natur wird also nicht *erlernt,* vielmehr werden *Lehren* in die Welt gesetzt, die ihre Nützlichkeit zu erweisen haben.

P: Sie schlagen vor: »Leben ist Lehren« – ich würde vorschlagen: »Leben ist Problemlösen«. Das ist das Entscheidende. Die Welt gibt dem Leben Probleme auf. Dabei ist das Leben die Voraussetzung des Problems: die Voraussetzung dafür, daß es überhaupt Probleme gibt. In der unbelebten Natur gibt es keine Probleme. Die Probleme entstehen durch das Leben, sie gehören zum Verhältnis zwischen dem Lebendigen und der Welt. Und die Theorien, die wir in die Welt setzen, sind Versuche der Problemlösung. Das gilt für die späte geistige Phase der Evolution wie auch für die evolutionären Vorformen: Alle Organe sind Theorien, sind Problemlösungen. Selbst alle molekularen Entwicklungsformen sind Theorien, also Versuche zur Weltbewältigung, Versuche zur Problemlösung.

K: Also steckt im Leben, in allen seinen Entwicklungsphasen, eine Fähigkeit, Probleme aufzufinden, vorwegzunehmen – man könnte fast sagen, Probleme nicht zu finden, sondern zu *er*finden – als Sprossen zur Entwicklungsleiter.

P: Wichtig ist die Fähigkeit, zur Problemlösung mehrere Möglichkeiten anzubieten. Darin besteht das Wesen der Kreativität. Nicht *die* Problemlösung wird »ausgedacht«, es werden immer viele angeboten, obwohl gewöhnlich nur *eine* Problemlösung, eine von mehreren, von vielen, angenommen wird – und sicher *oft nicht einmal eine.* Daher konkurriert jede Hypothese, jede Theorie als nur *ein* Problemlösungsversuch mit einer anderen, mit einer möglicherweise besseren und vielleicht sogar mit mehreren Konkurrenten. Und jede Problemlösung schafft neue Situationen und damit neue Probleme und Anreize zu neuen Problemlösungsversuchen. Sogar das Lernen wie auch das Lehren sind recht spezielle Lösungsversuche von recht speziellen Problemen, die innerhalb recht spezieller Problemsituationen auftauchen. Es ist die Problemsituation, so vermute ich, die das Leben schafft, und sie wird durch das Leben geschaffen. Die entscheidend wichtige, die fundamentale Rückkopplung ist die zwischen dem lebenden Organismus und seiner Problemsituation – den Einzelproblemen, die er lösen muß, sowie ihrem vom Anfang an höchst verwickelten Zusammenhang. Eine der merkwürdigsten Tatsachen hinsichtlich des Problemlösens ist folgendes: Während die Probleme der Anpassung, die in der Evolution auftauchen, oft Millionen von Jahren brauchen, um zu einer Lösung zu kommen, gibt es biologische Probleme, zum Beispiel Probleme der Steuerung von chemischen Synthesen in der Zelle oder Probleme der Aufnahme und Abgabe von Sauerstoff durch das Hämoglobin, die in winzigen Bruchteilen von Sekunden gelöst werden und, in der Tat, so schnell gelöst werden müssen – die erforderliche Geschwindigkeit ist oft ein Teil der Problemsituation. Und dennoch sind die beiden Extreme, die Dauerprobleme und die Sofortprobleme, ganz deutlich miteinander verwandt, eben als Probleme des organischen Lebens, trotz ihrer extremen Verschiedenheiten.

Hirn macht Sprache – Sprache macht Hirn

K: Herr Professor, ich glaube, es ist jetzt Zeit, daß wir zum Kern Ihrer Philosophie vorstoßen, nämlich zur 3-Welten-Theorie. Zur Theorie, daß wir es mit einer Welt 1, nämlich der Natur und der Evolution in der Natur, zu tun haben ...

P: Mit der physikalischen Welt ...

K: Mit der physikalischen Welt. Daß diese sich fortsetzt, insbesondere in der Welt 3, den realen und objektiven Produkten unseres Geistes, und daß zwischen Welt 1 und Welt 3 unser Selbstbewußtsein vermittelt, daß also die Welt 2 zwischen der Welt 1 und der Welt 3 steht. Das bedeutet eine Auflösung der Dualität zwischen Materie und Geist und die Einfügung des Geistes, also unseres Selbstbewußtseins, in die Mitte zweier objektiver realer Welten. Kann man sagen, daß dies der Kern Ihrer Philosophie ist?

P: Ich würde es nicht den Kern nennen, aber es ist sehr wichtig. In meiner Philosophie spielen Theorien die Hauptrolle und die Frage: Was ist der Status einer Theorie? Die Antwort ist: Eine Theorie hat zwei Funktionen – die erklärende Funktion und die voraussagende Funktion. Wichtig ist, daß die Theorie keine bloße psychische oder psychologische Angelegenheit ist. Die Frage nach dem Status der Theorie wurde in Österreich schon früher aufgeworfen, zum Beispiel von Alexius Meinong in einem Werk *Über Annahmen.* Aber in diesem Werk von Meinong über Annahmen sind die Annahmen im wesentlichen etwas Psychologisches. Und Sätze, Sprachen und so weiter hat man im allgemeinen psychologisch betrachtet. Daß die Sprache, abgesehen davon, daß sie mit Psychologie zu tun hat, auch ganz objektiv Sachverhalte beschreibt und, um das zu können, eine Eigengesetzlichkeit hat, wurde ja sehr früh gefunden. Man könnte sagen, daß meine Welt 3 die Verallgemeinerung der Ideen ist, daß eine Sprache nicht nur in unserem Geist, sondern auch objektiv existiert, in der physischen Welt, und daß sie überdies Eigengesetzlichkeit hat, die nichtphysikalisch ist. Eine nichtphysikalische Eigengesetzlichkeit in einer objektiven Welt. Das ist ungefähr die Idee meiner Welt 3.

K: Vor allem, wenn Sprache auch noch durch das Medium der Schrift oder andere materielle Medien vermittelt wird ...

P: Richtig. Die Schrift hat deutlich eine physikalische Existenz, die geschriebene Sprache hat eine physikalische Existenz. Aber was das Wichtigste ist, ist nicht die physikalische Seite, die unendlich abgewandelt werden kann – man kann beliebig viele verschiedene Schriften haben.

K: Eine der verblüffendsten Beweisführungen für die objektive Realität dieser Welt 3 scheint mir die Tatsache zu sein, daß zum Beispiel Bibliotheken auch dann eine gewaltige Realität sind, wenn sie nicht gelesen, ja sogar, wenn sie über längere Zeiträume nicht verstanden werden. Sie mußten ja dagewesen sein, sonst hätten sie nachher, wie es bei so vielen verschollenen alten Schriften der Fall ist, nicht entschlüsselt werden können. Ist das einer der Schlüssel zu Ihrer Theorie?

P: Das ist sehr wichtig. Wenn ich die Welt 3 charakterisiere, ist sie ein Produkt unseres Geistes, Produkt der Psyche, ein Werk des Menschen, aber ein Werk des Menschen, das sich sozusagen vom Menschen einigermaßen loslöst und bis zu einem gewissen Grad autonom wird. Und gerade diese Autonomie ist illustriert durch solche Dinge, die vergessen wurden, die man dann wieder entschlüsseln muß, aufgrund ihrer Eigengesetzlichkeit, aufgrund der Idee, daß man ihnen einen Sinn geben möchte, der in diesen Werken drinsteckt, in einer höchst merkwürdigen Weise. Das ist also charakteristisch für die Welt 3. Ich nehme aber als die Welt 3 alles an, was Werke unseres Geistes sind. Nur die wichtigsten hängen mit der Sprache zusammen. Die menschliche Sprache ist, wie ich vermute, das ursprüngliche Element der Welt 3.

K: Wobei es, wenn ich Sie richtig verstehe, tiefe Verwurzelungen der Welt 3 gibt. Es gehören ja eigentlich auch schon Bienenstöcke, Ameisenbauten, vielleicht auch Trampelpfade durch den Urwald, jedenfalls aber Biberbauten als Welt-3-artige Produkte der höheren Tierwelt dazu.

P: Das sind Vorgänger. Wir wissen aber nicht, wie ähnlich oder unähnlich sie unserer Welt 3 sind, weil wir nicht wissen, ob bei diesen Schöpfungen das Bewußtsein eine Rolle spielt oder ob diese Schöpfungen sozusagen automatisiert sind. Charakteristisch für die menschliche Sprache ist, daß sie auch Bedeutung hat, die nicht nur an den Ort und die Zeit des Sprechens gebunden ist; sie kann vom Hörer und sogar vom Sprecher Unabhängiges enthalten. Und charakteristisch für die menschliche Welt 3 ist wiederum die Vielzahl der Problemlösungen, ähnlich wie bei der Vielzahl der Theorien.

K: Herr Professor, liest man die ersten Bücher über Ihre 3-Welten-Theorie, hat man mitunter das Gefühl, daß die Welt 2, unser Selbstbewußtsein, das ja für uns Menschen von diesen drei Welten das wichtigste ist, vorerst ein wenig zu kurz kommt, gleichsam nur als Relais zwischen der Welt 1 und der Welt 3. Sie haben aber eine Reihe von wertvollen Jahren Ihres Lebens aufgewendet, um zusammen mit Ihrem Freund Sir John Eccles insbesondere die Welt 2, das Bewußtsein, das hohe Selbstbewußtsein des Menschen, speziell zu untersuchen, und Sie sind hier zu sehr weitgehenden, verblüffenden Schlüssen gekommen. Sie postulieren nämlich die Abhängigkeit der Welt 2 nicht nur von der Welt 1, der physikalischen Welt, sondern auch von der Welt 3 durch Rückwirkungen dieser Welt 3, der Kulturwelt, der Welt der menschlichen Produkte, vor allem der Sprache.

P: Das ist ganz richtig, wenn man »Abhängigkeit« nicht zu stark sieht. Also »Abhängigkeit« darf man nicht als volle Abhängigkeit der menschlichen Psyche von Welt 1 oder Welt 3 ansehen, sondern als Beeinflußbarkeit. Die Welt 2 ist teilweise abhängig von Welt 1. Die Welt 2 kann, wenn einer einen Schlag auf den Kopf bekommt, der hinreichend stark ist, verschwinden. Die Welt 2 ist aber, und das haben Sie ganz richtig betont, auch abhängig von Welt 3. Wie wir schon gesagt haben, ist die Welt 3 am klarsten als ein Produkt der Welt 2 charakterisiert. Die Welt 3 ist ein Produkt unserer Psyche, und sie kann die Welt 1 darstellen, nämlich durch Sprache und Schrift. Es ist klar, daß Sprache und Schrift ein Produkt des Menschen und ein Produkt der menschlichen Psyche sind. Es ist auch klar, daß wir, indem wir etwas lesen, sehr stark abhängig sind von dem, was dort steht. Unsere Erlebnisse beim Lesen eines Buches hängen natürlich sehr stark vom Text des Buches ab. Und das zeigt in der einfachsten, wenn auch nicht in der wichtigsten Weise die Abhängigkeit der Welt des psychischen Erlebnisses von der Welt 3, also von der Welt des Produktes unseres Geistes. Aber das Wichtigste ist, daß die Überlegungen über die Welt 3 einen Schlüssel dazu bilden, wie die Welt 2, das hohe Bewußtsein des Menschen, biologisch erklärbar wird. Ich würde sagen, die wichtigste Funktion des vollmenschlichen Bewußtseins ist, daß es an der Welt 3 arbeitet, das heißt also, daß es sprachliche Produkte herstellt, schreibt, spricht, überlegt, eventuell kritisiert. Kritik ist besonders wichtig und in einem ganz besonderen Sinn eine bewußte Angelegenheit, eine Angelegenheit des vollmenschlichen Bewußtseins. Das ist die eine Seite der Funktion des vollmenschlichen Bewußtseins. Die andere Seite ist, daß sie die Welt 3 erforscht, die Eigengesetzlichkeit der Welt 3 zum Teil entschlüsselt und daß sie durch die Welt 3, also durch die Produkte, durch die sprachlich vermittelte Wechselwirkung zwischen Menschen und durch Kritik beeinflußt wird – daß sie also auf die Welt 3 selbst reagiert, daß sie ein Empfänger ist für die Welt 3. Das sind die zwei wesentlichen Funktionen. Und aus diesen Funktionen heraus kann man bis zu einem gewissen Grad die biologische Funktion und daher die Entwicklung des menschlichen höheren Bewußtseins verstehen.

K: Was mir verblüffend schien, ist auch die Annahme, daß sich die Welt 1 in den höchsten Stufen des Lebens mit einem vielleicht noch dumpfen Bewußtsein die Welt 3 schafft, die dann in der Rückwirkung erst das hohe, eigentliche Selbstbewußtsein produziert. Also: Das Hirn macht sich die Sprache – aber die Sprache macht sich dann erst das eigentliche Hirn.

P: Ja, sie produziert das Hirn, aber natürlich indirekt, nämlich durch die biologische Wirkung der Auslese eben jener Menschen, die auf die Welt 3 entsprechend ansprechen können. Damit wird es also möglich, zu sehen, was die Funktion der Welt ...

K: Allerdings unter einem sehr hohen Selektionsdruck und sehr schnell.

P: Unter einem sehr hohen Selektionsdruck und, wie Sie sagen, erstaunlich schnell.

K: Einige Jahrtausende oder Jahrzehntausende in den Jahrmilliarden der gesamten Evolution ...

P: Erstaunlich schnell, wenn auch wohl eher über hunderttausend Jahre. Es gibt wohl kaum etwas in der ganzen uns bekannten tierischen Entwicklung, was sich so schnell geändert hat wie das menschliche Gehirn. Und diese Änderung, diese schnelle Entwicklung des menschlichen Gehirns ist nach dieser Theorie, nach unserer Theorie, ein Produkt der sich entwikkelnden Sprache, also der Welt 3.

Blind, taub, stumm – und eine große Schriftstellerin

K: Nach Ihrem Buch kann man sich einiges von dieser Entstehung der Menschheit und ihres Menschheitsselbstbewußtseins vorstellen, wenn man die Menschwerdung des Einzelmenschen beobachtet. Auch das Kleinkind, der Säugling, macht ja eine ähnliche Entwicklung seines Selbstbewußtseins durch. Es beginnt mit der »Theorie«, man selber zu sein, indem einem bewußt wird, daß man derselbe ist, der am Abend vorher eingeschlafen ist, wenn man am Morgen aufwacht.

P: Ja, das Bewußtsein, ein Selbst zu besitzen, ist eine Theorie, also etwas Theoretisches.

K: Also ein Baby, ein Neugeborenes, hat es noch nicht?

P: Offenbar noch nicht. Das hängt natürlich mit verschiedenen Dingen zusammen, auch mit der Sprache, mit der Möglichkeit, einen Namen und dann das Wort »Ich« zu erwerben, mit der Identifizierung, daß man so etwas Ähnliches ist wie diese ungeheuer wichtigen Dinge, die Eltern, die Mutter, der Vater. Daß man irgendwie ihnen ähnlich ist, sozusagen, in dieselbe Kategorie gehört. Das wird dann hauptsächlich durch die Sprache, das Sprechen, also die soziale Aktion ...

K: Ist es so? Wird man ein Selbst, indem man verstehen lernt, daß auch die anderen ein Selbst sind?

P: Vermutlich, ja. Als wesentliche Rückwirkung aus einer sozialen Situation. Es gibt ja unglückseligerweise Beispiele von Kindern, die von jeglicher sozialer Rückwirkung ausgeschlossen wurden. Eccles erwähnt einen solchen Fall aus Kalifornien: Ein Mädchen, das irgendwo versteckt wurde und aufgewachsen war, ohne je mit anderen Menschen in Verbindung zu treten als mit einem wahnsinnigen Vater, der es festband und keinen Laut tolerierte. Dieses Kind lebt und entwickelt sich, wenn auch unter schwierigen Bedingungen. Und daran kann man deutlich sehen, was alles fehlt. Ein anderer sehr wichtiger Fall, in dem nur die Sprache ausgeschlossen war, ist der Fall von Helen Keller.

K: Das ist eigentlich der umgekehrte Fall.

P: Ja, sie war blind, taub und stumm. Und das Interessanteste ist ihre Erinnerung des Erlebnisses der Fühlsprache, die ihr von ihrer Lehrerin gelehrt wurde. Das Wort »Wasser« war das erste Wort, das ihr in ihre Handfläche diktiert wurde von ihrer Lehrerin und das sie verstand: Ein ungeheures Erlebnis.

K: Das heißt, die Sprache ist etwas Tiefersitzendes im Gehirn.

P: Etwas sehr Tiefsitzendes, etwas, was dort vorbereitet vorliegt, bevor irgendwelche Wiederholungen oder induktive Möglichkeiten existieren. Mit einem Schlag wurde ihr klar, daß das, was ihr in die Hand diktiert wurde, ein Symbol für etwas ist, was sie kennt. Nämlich für Wasser.

K: Also, es geht nötigenfalls ohne Sehen und Hören, aber es geht nicht ohne sozialen Kontakt, nicht ohne Welt 3.

P: Es geht natürlich nicht ohne irgendeinen der Sinne. Wenn alle Sinne ausfallen, fällt auch der Kontakt aus. Also irgendein Sinn muß dasein, in diesem Fall der Tastsinn, und der vermittelt dann den sozialen Kontakt, der es ermöglicht, daß diese ganze Welt der Sprache, der Welt 3, auf einmal aufflammt. Und das unglaublich Interessante an diesem Fall Helen Keller ist, daß sie eine sehr bedeutende Schriftstellerin wurde und die Welt sozusagen »gesehen« und beschrieben hat, nur hat sie sie durch das Medium ihrer Lehrerin und ihres Schreibens »gesehen«, so wie ich Hörapparate habe und durch das Medium der Hörapparate höre.

Die Sprache der Pflanzen

K: Eine eindrucksvolle Bestärkung der Auffassung, daß die Sprache ganz tief im Hirn sitzt – tief in jenem neuesten Teil der Hirnrinde, die das Ich-Bewußtsein hervorgebracht hat.

P: Was hier so ungeheuer wichtig ist, das ist Karl Bühlers Theorie von den drei Funktionen der Sprache. Ich weiß nicht, ob die anderen evolutionären Erkenntnistheoretiker, die ich zum Teil nicht gelesen habe, auf diese Theorie von Bühler soviel Wert legen wie ich.

K: In den anderen evolutionären Erkenntnistheorien spielt die Sprache keine so bedeutende Rolle wie in Ihrer 3-Welten-Theorie.

P: Also Sprache im allerallgemeinsten Sinn ist alles, was man tut und was möglicherweise beobachtet, interpretiert werden kann. Als ein Symptom des Zustandes eines anderen Tieres oder auch einer anderen Pflanze. Man kann – im verallgemeinernden Sinn – sagen, daß Pflanzen, wenn sie sich öffnen oder schließen, eine Sprache haben. Die Sonne spielt dabei eine Rolle. Die Pflanzen drücken ihren inneren Zustand durch gewisse Bewegungen aus, die man als Sprache im weitesten Sinn interpretieren kann. Die erste Funktion der Sprache ist die *Ausdrucksfunktion.* Ausdruck bedeutet, daß sich der innere Zustand äußerlich bemerkbar macht. Das ist vielleicht die allerallgemeinste Funktion einer Sprache, und es ist eine Funktion einer Sprache, die überall vorhanden ist, wo es eine Sprache gibt. Nach Bühler ist die nächste Funktion dann – auf einem höheren Niveau sozusagen und nur von Bedeutung, wenn es andere Lebewesen gibt, die mit diesem Lebewesen in irgendeiner Wechselwirkung oder Kommunikation stehen – die *Auslöse- oder Signalfunktion.* Das sind die zwei untersten Funktionen der Sprache, und es ist interessant, daß fast alle Sprachtheoretiker und fast alle Sprachphilosophen sich mit diesen beiden Funktionen begnügten, ohne zu bemerken, daß es weitere sehr wichtige und ganz andere Funktionen gibt. Die nächste Funktion ist die *Darstellungsfunktion.* Da gibt es Sätze, die etwas behaupten, die einen Teil der Umwelt darstellen. Die Darstellung kann wahr oder falsch sein. Das ist sehr wichtig und kommt erst auf diesem Niveau zustande. Ein Warnungsruf kann adäquat oder nicht adäquat, aber nicht wahr oder falsch sein. Wenn man zu oft »Wolf« schreit, wie in dem Märchen, spielt sich das schon auf dem Darstellungsniveau ab. Das heißt, es ist nicht nur ein Warnungsruf, sondern die *Behauptung, daß ein Wolf da ist.* Und die kann dann wahr oder falsch sein. Wenn man zu oft lügt, wird einem nicht mehr geglaubt. Aber es ist ganz besonders wichtig, daß die Lüge in der Darstellungsfunktion bewußt ist, während eine falsche Warnung als solche unbewußt ist.

Im Anfang war die Lüge

K: Also da ist *story-telling* drin ...

P: *Story-telling* ist auf dem dritten Niveau. *Story-telling* – Märchenerzählen, Jägerlatein, Reisegeschichten ...

K: Woraus sich die Notwendigkeit der Unterscheidungen von Wahrem und Falschem ergibt.

P: Ganz richtig. Das ergibt sich auf diesem Niveau. Sehr wichtig. Und das vierte wichtige Niveau – es gibt auch noch andere – ist, was ich die *argumentative* Funktion der Sprache nenne und an Bühlers drei Niveaus angefügt habe. Hier wurzelt die Existenz des Wahrheitsproblems.

K: Das ist die Folge des *story-tellings:* Kann ich eine Geschichte erfinden, muß mein Partner herausfinden, ob die Geschichte wahr oder erfunden ist.

P: Dabei ist für die Evolutionäre Erkenntnistheorie von großer Wichtigkeit, daß diese Funktionen der Sprache evolutionäre Stufen sind, denn jede höhere setzt die Existenz der darunterliegenden Stufe voraus. Die niedrigere Funktion wird zwar unwichtig, aber ist die Voraussetzung. Ich argumentiere jetzt für eine These, die evolutionär wichtig ist – daß ich bei dieser Argumentation meine Hände verwende, also Ausdrucksbewegungen mache, ist unwichtig. Das gehört noch zur bereits überholten Ausdrucksfunktion oder Kundgabefunktion.

K: Und in welcher dieser Phasen bekommt nun die Welt 3,

die es ja schon gibt, die ja begleitend da ist, ihren großen Entwicklungsschub, der zum hellen Ich-Bewußtsein führt?

P: Natürlich erst mit der Darstellungsfunktion und dann, im besonderen, mit der argumentativen Funktion. In der Welt 3 gibt es eine Mathematik, und die Mathematik ist fast zur Gänze argumentativ. Die Anfänge der Mathematik sind noch Darstellung, aber in der späteren Mathematik handelt es sich eigentlich immer nur darum, ob ein Beweis schlüssig ist oder nicht.

K: Jetzt kommt also die eigentliche Sprachphase, was evolutionär bedeutet: aufgrund der ungeheuren Förderung der Überlebensfähigkeit, aufgrund der hohen selektiven Begünstigung der große Entwicklungsschub für die Sprachzentren des Gehirns, die eigentliche Gehirnexplosion.

P: Zum ersten Mal werden die Probleme in der Darstellungsfunktion bewußt. In der argumentativen Funktion können die Probleme als solche isoliert, also aus der Welt herausgenommen, behandelt und gelöst werden. Es können Lösungsvorschläge gemacht und kritisiert werden. Das ist von so großer biologischer Bedeutung, daß es jenen Selektionsdruck verursacht, der dann – das ist meine Vermutung – zu der unglaublichen Entwicklung des Gehirns geführt hat.

K: Wegen des Überlebensvorteils natürlich.

P: Der darin besteht, daß die Probleme bewußt isoliert und bewußt diskutiert werden. Zuerst solche Probleme wie: »Kann man einen Elefanten in einer Grube fangen?« Das ist ein Problem, das besprochen werden kann, und die Konstruktion der Grube kann besprochen werden. Damit entsteht dann eben die eigentliche Welt 3. Das Grundinstrument für das alles ist die Sprache.

K: Also die Sprache ist nicht die Welt 3 an sich, aber sie ist die Vollendung der Welt 3. Die Welt 3 gibt es ansatzweise im Tierreich. Sie kommt nicht auf einmal, aber sie bekommt einen plötzlichen Entwicklungsschub.

P: Und zwar nicht durch die Sprache an sich, sondern durch die menschliche Sprache, weil die menschliche Sprache eben die höheren Funktionen einschließt. Das haben merkwürdigerweise die Sprachphilosophen nie begriffen, daß diese höheren Funktionen ihre eigenen wichtigen Probleme haben. Die meisten Sprachphilosophen und Sprachtheoretiker sagen: Sprache ist Kommunikation. Über das gehen sie nicht hinaus. Aber das ist ja nur das Niveau Nummer 2. Was die Welt 3 schafft sind die Sätze. Ganz im Sinne des österreichischen Philosophen Bolzano. Mit den Sätzen, die einen Sachverhalt darstellen, wird die Sprache zur spezifisch menschlichen Sprache. Bolzano sprach von den »Sätzen an sich«.

K: Hier sind wir an einem wichtigen Punkt angelangt. Darf ich noch kurz die Ich-Entstehung präzisieren. Ich glaube, es ist noch weithin unbekannt, daß Sie das so sehen: Die Welt 3 ist nicht einfach Endprodukt des Evolutionsvorganges in dem Sinne, daß die Welt 1, die Natur, die Welt 2, das Bewußtsein, hervorbringt und daß dieses dann die Welt 3 hervorbringt. Also nicht die Natur macht sich ein hochentwickeltes Individuum, und dieses Individuum erwirbt dann einen Eintrittsschein in die Welt 3, bewirbt sich sozusagen um die Mitgliedschaft in der Welt 3 als etwas bereits Fix- und Fertiges. Sie sagen, daß es ganz anders ist – insofern sind die drei Bezeichnungen ein wenig irreführend: Zwischen Welt 1 und Welt 3 gibt es einen fließenden Übergang, wobei noch nicht ichbewußte Wesen das Relais beistellen. Dann aber erreicht die Welt 1 durch die Welt 3 ein Entwicklungsniveau, das die Welt 2 des hellen Ichbewußtseins eigentlich erst hervorruft – durch einen Rückkopplungsvorgang.

P: Die Welt 2 und die Welt 3, das Bewußtsein und die Kultur, befinden sich in einem Verhältnis *gegenseitiger* Rückkopplung, gegenseitiger Beeinflussung. – Was die Sprache betrifft, so finden sich die Anfänge der Sprache, nach Bühler, schon auf Tierniveau. Auf menschlichem Niveau entsteht dann die Darstellungsfunktion, die dritte Funktion. Ansätze sind im vormenschlichen Bereich da, besonders deutlich in der Bienensprache. Da gibt es ein Zwischenniveau zwischen der zweiten und der dritten Sprachfunktion, also zwischen der Kundgabefunktion und der Darstellungsfunktion.

K: Die Biene teilt Distanzen mit ...

P: Die Biene gibt ihrem inneren Zustand Ausdruck und tanzt deshalb. Und dieser Tanz ist eine Art Ankündigung, daß da und dort an einer bestimmten Stelle Nahrung zu finden ist – aber ist es auch eine Darstellung?

K: Die Bienen stellen Distanzen dar ...

P: Eine Vermutung ist: Die Bienen sind sehr nahe daran – es ist eine Fastdarstellung einer Situation, eines Sachverhalts. Aber es gibt einen wesentlichen Unterschied zur echten Darstellung: Die Bienen können offenbar noch nicht lügen. Das heißt, sie können diesen Tanz nur dann ausführen, wenn sie wirklich an ihre Botschaft glauben, wenn also ihr innerer Zustand so ist, daß sie glauben, daß es an der bezeichneten Stelle Honig gibt.

K: Sie können sich dabei irren ...

P: Sie können sich natürlich irren, zum Beispiel wenn der Honig von Karl von Frisch hingestellt und in der Zwischenzeit wieder weggenommen wurde. Aber wir haben keinen Grund, anzunehmen, daß sie lügen können.

K: Es gibt auch entsetzliche Verwirrungen. Paul Watzlawick etwa berichtet von jener Kreuzung österreichischer und italienischer Bienen, durch die bei den Bienen das Zeichen für Distanz plötzlich verschiedene Bedeutung bekommt. Eine Biene will signalisieren: »20 Meter«, die andere versteht aber: »40 Meter«, was zu einer entsetzlichen Konfusion führt.

P: Aber das heißt immer noch nicht lügen.

K: Nein, nein, irren. Genetisch irren.

P: Also, die volle Darstellungsfunktion wird in dem Moment erreicht, in dem man bewußt etwas Falsches – etwa aus Übertreibungsgründen, »Jägerlatein« – sagen kann.

K: Hier könnte man zur Welt 3 übertrieben oder zugespitzt Goethe zitierend sagen: »Im Anfang war die Lüge.«

P: Fast.

Erfundene Logik, entdeckte Logik

K: Sie haben bereits Bolzano erwähnt und damit die Frage aufgeworfen: Ist die Welt 3 dagewesen, ehe sie durch die Evolution entstanden ist?

P: Meine Auffassung: Nein.

K: Das heißt, sie war nicht da. Wohl aber entsteht hier etwas, was eine besondere, objektive Wirklichkeit hat.

P: Daß die Welt 3 eine objektive Wirklichkeit hat, versuche ich damit zu beweisen, daß sie Einfluß auf die Welt 1 hat. Man kann nicht leugnen, daß es in der Welt 1 Dinge wie Flugzeuge gibt. Man kann aber auch nicht leugnen, daß Flugzeuge das Produkt von Welt 3, also von Theorien, von Sätzen sind: von Hypothesen über Sachverhalte der Welt 1. Ich halte es wohl für den eindrucksvollsten Beweis für die Realität der Welt 3, daß die Technik sich hauptsächlich in der physikalischen Welt, der Welt 1, manifestiert, daß sie aber doch ungeheuer abhängig ist von den Theorien – und zwar vom Inhalt der Theorien, keineswegs von der mehr oder weniger zufälligen Formulierung. Ich kann eine Theorie in verschiedener Weise ausdrücken, und diese verschiedenen Ausdrucksweisen können denselben Einfluß auf die Welt 1 ausüben. Ob ich's japanisch oder englisch oder deutsch sage, darauf kommt es nicht an. Es werden sehr ähnliche Fotoapparate und ungefähr dieselben Linsen aufgrund von Berechnungen gebaut, die in ihrer sprachlichen Formulierung verschieden sind. Der Theorieinhalt ist objektiv und selbständig und hat einen Einfluß auf die Welt 1. Und das zeigt, daß diese Welt 3 von Theorien, von sprachlichen Inhalten, real existiert. Es ist ganz richtig, daß die Kulturwelt eine Welt 3 ist, aber die Welt 3 ist viel mehr als nur die Kulturwelt. Bei der kulturellen Welt meint man ja doch nur Realisierungen der Welt 3 in der Welt 1, also die Statuen und Häuser und die Gebräuche und Tänze und Lehranstalten und so weiter: sie alle sind Realisierungen in der Welt 1. Aber die Welt 3 entstand auch als die der Inhalte von Hypothesen und Vermutungen, die oft nicht ausdrücklich in der geschriebenen oder gesprochenen Sprache formuliert waren; also noch nicht in der Welt 1 gestaltet.

K: Diese separate eigenständige Objektivität der Welt 3 macht sie ja auch unsterblich.

P: Man kann schon sagen, daß sie zugrunde gehen kann. Wenn eine Nuklearexplosion das Sonnensystem zerstört, ist unsere Welt 3 verschwunden. Wenn alle Spuren verschwunden sind, wenn wir verschwunden sind, dann ist auch die Welt 3 verschwunden. Aber wie wir von den Sumerern und Babyloniern wissen, können unsere Bücher uns überleben, und damit unsere Welt 3.

K: Aber die Frage der objektiven Existenz hat noch eine andere Seite. Sie haben Bolzano erwähnt. Zu erwähnen ist auch Frege. Von ihm stammt ja – und ich glaube, das ist wohl auch geistesgeschichtlich für Sie bedeutsam – die Vorstellung, daß Sätze überhaupt *nicht erfunden,* sondern *entdeckt* werden. Das hieße doch, daß ihnen auch in dieser Beziehung objektive Wirklichkeit zukommt.

P: Das ist weder bei Frege noch bei Bolzano der Fall. – Bolzano hat gefunden, daß es *Sätze an sich* gibt. Damit meint er den Inhalt des Satzes, die Behauptung, unabhängig davon, ob sie verstanden oder gewußt wird. Eine logische Beziehung besteht zwischen den Sätzen an sich und nicht zwischen den Formulierungen der Sätze. Das ist die Theorie von Bolzano.

K: Die Unterscheidung von Psychologie und Logik.

P: Wenn Sie wollen. Die Sätze an sich haben einen gewissen logischen Inhalt, sie haben eine Klasse von logischen Konsequenzen. Das sagt Bolzano. Frege hat das sozusagen wiederentdeckt. Was er dazugegeben hat, kann ich im Augenblick nicht sagen.

K: Frege hat vor allem die Formalisierung versucht. In bezug auf Ihre Welt-3-Theorie fällt mir übrigens eine verbale Vorwegnahme auf.

P: Frege hat es das »Dritte Reich« genannt. Ich habe diese Theorie lange gekannt und lange für sehr wichtig gehalten, aber ich habe nichts darüber veröffentlicht und nichts darüber gesagt, weil sie mir als metaphysisch im schlechten Sinne erschien. Erst nachdem ich die einfache Formulierung erreicht hatte, daß die Welt 3 ein Produkt unseres Geistes ist, und zwar ein sehr wichtiges Produkt, habe ich mich zu ihr bekannt.

Nur eine *Logik im Kosmos?*

K: Sie sagen: Ein Produkt unseres Geistes – also das Ergebnis eines evolutionären Vorganges. Das heißt aber: Die Welt 3 entsteht. Sie wird nicht vorgefunden.

P: Nachdem die Welt 3 entstanden ist, werden ihre Sätze dann innerhalb der Welt 3 oft vorgefunden, von uns »entdeckt«. Da ist zum Beispiel das Primzahl-Problem. Der Berliner Mathematiker Leopold Kronecker hat gesagt: Die natürlichen Zahlen sind von Gott geschaffen, alles andere ist Menschenwerk. Ich sage: Die natürlichen Zahlen sind von uns geschaffen. Die Zahlenreihe ist ein sprachliches Produkt unseres Geistes. Sie ist ein Produkt unserer Sprache. Sie ist unsere Schöpfung.

K: Aber die Schöpfung dieser Zahlen bringt ein göttliches Element ins Spiel. Sie machen sich selbständig.

P: Nachdem wir die Zahlen geschaffen haben, entdecken wir die Primzahlen: Wo in der Folge der natürlichen Zahlen sind die Primzahlen? Wie sind sie verteilt? Wie dicht liegen sie? 2,3,5,7 liegen sehr dicht. Gibt es später in der Zahlenreihe noch ähnliche Ansammlungen von Primzahlen? Gibt es eine größte Primzahl? Also: Die Primzahlen und ihre Probleme, die werden *entdeckt*, die haben wir nicht *geschaffen.*

K: Aber in dieser Problematik von Erfinden oder Entdecken, die Frege formuliert hat, steckt eine wichtige Fragestellung. Wenn wir uns verschiedene Evolutionsvorgänge in verschiedenen Welten vorstellen – das können, nach neuesten Überlegungen, zehn Milliarden mal zehn Milliarden sein –: Ist es denkbar, daß sich in allen diesen Welten verschiedene kognitive Systeme mit verschiedenen Logiken und Mathematiken ergeben, verschiedene Welt-3-Bereiche? Oder wäre aus der Objektivität der logischen Sätze zu schließen, daß hier etwas entdeckt wird, was kosmosweit ist und daher im ganzen Universum dasselbe sein müßte?

P: Ich würde sagen, das letztere, obzwar das nicht ganz so einfach ist. Wir können ja selbst verschiedene Logiken konstruieren. Das ist selbst wiederum ein logisches Problem. Und andererseits gibt es in einem gewissen Sinne eine fundamentale Logik. Die kann man ebenfalls charakterisieren. Eine Fundamentallogik, mit der verschiedene Logiken konstruiert werden können. Also in einem gewissen Sinne gibt es nur eine Logik. Es gibt verschiedene mathematische Systeme, es gibt verschiedene logische Systeme, aber in gewissem Sinne gibt es doch nur eine Logik und nur eine Mathematik.

K: In diesem Universum kann es also nur eine einzige Logik geben.

P: Ja, in diesem Sinne.

K: In diesem Sinne gäbe es also eine potentielle allgemeine Logik, die durch Evolutionsvorgänge nicht hervorgerufen, sondern entdeckt wird.

P: Ja, in diesem Sinne. Wie schon gesagt: Wir erfinden die Zahlenreihe und entdecken dann die Primzahlen.

Die Fleischwerdung der Platonischen Ideen

K: Platon ist ja der lebensbegleitende philosophische Widersacher, den Sie sich ausgewählt haben. Ich muß daher fragen: Was unterscheidet eigentlich diese Vorstellung der Welt 3 von Platons Welt der Ideen?

P: Platon sieht seine Welt der Ideen, die man als seine Welt 3 bezeichnen könnte, nicht als Menschenwerk: Sie war hier, bevor es Menschen gab. (Sie ist zeitlos.) Das ist ein wichtiger Unterschied zwischen Platons Welt 3 und der meinen. Der Unterschied hängt damit zusammen, daß Platon etwa 2250 Jahre vor Darwin lebte und die Evolution als Degeneration sah – von den Ideen und von Gott herab zum Tier (wenn nicht zum Teufel); genauer, als einen Niedergang von der göttlich-väterlich-männlichen Form oder Idee zum Menschen, dann zur Frau, zu den höheren Tieren, zu den Fischen, den niederen Tieren ...

Zweitens sah Platon seine Welt 3 als von *Begriffen* bevölkert (oder von begriffartigen Ideen), während ich meine Welt 3 von *Sätzen* oder Theorien oder Behauptungen bevölkert sehe. Sätze oder Theorien können wahr oder falsch sein. Begriffe (wie das Gute, das Schöne, das Schlechte, das Häßliche; auch das Wahre, das Falsche) können weder wahr noch falsch sein. (Sie können vielleicht klar oder unklar sein oder vielleicht deutlich oder undeutlich.)

Nach Karl Bühler sind die *Sätze* – die Darstellungsfunktion – das Neue, das Revolutionäre in der Menschensprache. Ich stimme ihm bei und gebe als Grund an: die Sätze können als wahr oder als falsch befunden werden. So ermöglichen sie die kritische Korrektur unserer Theorien und deren Auswahl, deren Selektion außerhalb unseres Körpers.

K: Man könnte sagen, daß diese Sicht der Welt 3 als Welt der Sätze, als Welt der Logik, in der geistigen Nachfolge Bolzano – Frege, daß diese auch eine Aufhebung oder Überwindung des Idealismusproblems in dem Sinne ergibt, als eben die Gegenstände des Idealismus in die Welt der Realitäten einbezogen werden, indem eine reale Welt als Evolutionsprodukt von der anderen abgeleitet wird. So wie Odysseus den Schatten im Hades Blut zu trinken gibt und ihnen auf diese Weise Leben verleiht, wird den Platonischen Ideen in der Popperschen Welt 3 die Realität der Welt 1 übertragen.

P: Das ist ganz richtig, und es hat eine Beziehung zu Platon, aber es ist wichtig, daß meine Welt 3 wesentlich aus Sätzen besteht, Platons Welt 3 aber wesentlich aus etwas, das unseren Begriffen entspricht. Zum Beispiel: Das Gute gehört in die *platonische* Welt 3. Während ich sagen würde: Logische Sätze gehören zur Welt 3. Oder: Ethische Forderungen gehören zur Welt 3.

K: Oder gar ästhetisch-religiöse und so weiter.

P: Und so weiter. Aber nicht der Begriff des Guten.

K: Noch nicht entdeckte mathematische Gesetze gehören in die Welt 3.

P: Mit der Entdeckung oder Erfindung der Mathematik öffnet sich dann die Welt 3 weit über das hinaus, was schon von uns gefunden wurde. Es entstehen Probleme, und es entstehen Phänomene, die wir noch nicht gesehen haben, die wir dann aber eines Tages zu sehen bekommen werden.

Elementarteilchen, eingetaucht in Theorie

K: Wenn ich von einer Überwindung des Idealismusproblems spreche, liegt ja auch ein wenig Überwindung des Materialismusproblems drin: Wenn man die Welt 3 wie Sie darstellt und damit die Ideen Platons zu Realitäten macht, macht man ja auch die materielle Welt in diesem Sinne zu einer idealen. Denn wenn beide Welten in einem Universum Platz haben, ja wenn eine die andere hervorbringt, können sie nicht so grundlegend voneinander verschieden sein.

P: Das hat aber schon die Physik unabhängig von der Welt-3-Idee deutlich gemacht. Das ist sehr wichtig. Der Materialismus geht davon aus, daß es, sagen wir, Atome gibt. Diese Atome sind einfache Dinge.

K: Billardkugeln.

P: Sehr kleine Billardkugeln, die an sich problemlos sind: sie sind letzte Erklärungen, Erklärungen, die keiner weiteren Erklärung bedürftig sind. Aus ihnen kann alles erklärt werden. Aus ihnen entsteht auch die Welt. Aber für die moderne Physik sind die Elementarteilchen überaus kompliziert und enthalten alle erdenklichen Möglichkeiten schon in sich, sozusagen in Vorbereitung, versteckt, gut versteckt, so daß man nicht alle Möglichkeiten voraussehen kann. Die Elementarteilchen folgen gewissen komplizierten Gleichungen, und aus den Gleichungen kann man ablesen, daß sie unter gewissen Umständen andere Partikel ergeben. Sie haben Propensitäten eingebaut, Verwirklichungstendenzen, die dazu führen können, daß sie nach einer gewissen Zeit zerfallen. Damit ist der Materialismus schon völlig verändert. Auch wenn man annimmt, daß es nichts gibt außer diesen Partikeln, so sind diese Partikel sozusagen in der komplizierten Theorie ertrunken, also in Abstraktionen. Die alten materiellen Teilchen, die waren etwas ganz Konkretes.

K: Somit könnte man sagen: Während in Ihrer Sicht der drei Welten die Welt 3, die Welt der Ideen, zunehmend Realität gewinnt und als reale Welt erkennbar wird, zeigt sich die Welt 1, die materielle Welt, zunehmend als durch und durch mit Ideellem durchtränkt.

P: Ich würde sagen: Mit Abstraktem durchtränkt. Vor allem die Idee, daß das Teile sind, die sich nie verändern, hat sich als ganz falsch erwiesen. Die meisten dieser Teile haben eine kurze Lebenszeit und zerfallen dann in andere Teile und können unter ganz speziellen Bedingungen wieder synthetisiert werden. Und alles das läßt sich sozusagen aus den Gesetzen, denen diese Teile unterliegen, schließen. Es ist daher potentiell in diesen Teilchen schon enthalten. Für den eigentlichen Materialismus gibt es das alles nicht.

K: Also enthält Ihr Kritischer Realismus einen echten Ansatz zur Überwindung des Dualismus und zur Erkenntnis einer Welt, die eben nicht in diesem primitiven Sinn eine idealistisch-geistige oder eine materialistisch-körperliche ist.

P: Das ist richtig. Und da spielen eben die Propensitäten eine sehr große Rolle.

K: Die Verwirklichungstendenzen ...

P: Sich realisierende Möglichkeiten. Die Propensitäten existieren. Sie sind Tendenzen, sich zu verwirklichen.

K: Potentialitäten ...

Die Welt ist nicht, was der Fall ist

K: Vor mir liegt ihr Buch *Conjectures and Refutations*. Ich lese hier von »projection of facts« – Projektion von Tatsachen. Das ist doch der Kern auch des Problems, das wir eben besprochen haben.

P: Es handelt sich sowohl um ein kosmologisches wie um ein sprachtheoretisches Problem. Zuerst das kosmologische Problem. Wittgenstein sagt zu Beginn seines *Tractatus:* »Die Welt ist alles, was der Fall ist.« Und er fährt fort: Das, was der Fall ist, die Tatsache, ist das Bestehen von Sachverhalten. Das ist eine interessante kosmologische These, aber sie ist falsch. Die Welt besteht nicht aus Tatsachen und Sachverhalten, sondern aus Prozessen. Es ist ein wichtiger Unterschied zwischen einem Prozeß und einer Tatsache beziehungsweise einem Sachverhalt. Ein Prozeß kann raumzeitlich aus der Welt herausgeschnitten werden. Er ist konkret, ist ein Vorgang in der Welt, gehört zur Welt, und die Welt selbst ist ein ungeheuer komplizierter Prozeß. Eine Tatsache oder ein Sachverhalt existiert erst, seit es Sprache, und zwar darstellende Sprache gibt. Ein Sachverhalt (oder eine Tatsache) ist das gemeinsame Produkt von Welt und Sprache. Er ist abstrakt.

K: Für Wittgenstein gilt ja: Die Grenzen deiner Sprache sind die Grenzen deiner Welt. Sie meinen, Wittgenstein selbst ist durch die Sprache beziehungsweise seine Auffassung von der Sprache begrenzt, nicht die Welt.

P: Ich möchte lieber nicht mehr über Wittgenstein sagen.

Aber ich möchte darauf hinweisen, daß es eine Art von naivem Realismus ist, eine spezielle Art von naivem Realismus, die Welt als die Totalität aller Sachverhalte oder die Totalität aller Tatsachen anzusehen. In Wirklichkeit ist die Welt etwas Irrationales – nämlich die Gemeinsamkeit aller Prozesse oder aller Vorgänge in der Welt. Das ist ein Riesenvorgang – während die Tatsachen oder die Sachverhalte schon eine rationalisierte Wirklichkeit sind. Ein Beispiel, um deutlich zu machen, daß es ganz abstrakte Tatsachen gibt, die wir aus der Welt sozusagen herausschälen können. Die Tatsache, daß ein Baum in Neuseeland genau 11 000 Jahre zusammengebrochen ist, bevor es ein Erdbeben, sagen wir, in Australien gab, kann eine Tatsache sein: Sie kann wahr sein, ein wahrer Sachverhalt, eine wahre Tatsache. Aber das ist offenbar kein Prozeß; nicht einfach ein Teil der Welt in dem Sinn, in dem wir sagen könnten, die Welt ist ein ungeheurer Vorgang. Ein Vorgang, etwa das Umfallen des Baumes, ist vielleicht ein Vorgang in der Welt, und das Erdbeben in Australien ist ein anderer Vorgang in der Welt. Wir haben diese Vorgänge nur benannt, aber nicht beschrieben. In dem Moment, in dem ich aber *sage, daß der Baum 11 000 Jahre umgefallen ist, bevor das Erdbeben stattgefunden hat,* rationalisiere ich und projiziere etwas in die Welt mit Hilfe der Sprache. Und hier entsteht nun ein ungeheures Problem. Offenbar ist es das Problem der Sätze. Aber es ist auch das Problem der Wahrheit von Sätzen. Nämlich: Ein Satz ist wahr, wenn der Sachverhalt – also etwas Abstraktes, durch den Satz teilweise Geschaffenes – so ist, wie der Satz behauptet: wenn also der Satz mit den Tatsachen übereinstimmt oder wenn der Satz mit dem Sachverhalt übereinstimmt. Also die Wahrheit kommt erst herein, wenn es auf der einen Seite Sätze gibt, die auf der anderen Seite etwas darstellen, was sich in der Welt findet, aber doch nicht eigentlich ein konkreter Teil, sondern ein abstrakter Teil der Welt ist, der durch die Sprache selbst mitgeschaffen worden ist.

Das ist ein schwieriges, mit dem Wahrheitsproblem eng verbundenes Problem. Und dieses Problem kann interessanterweise evolutionär gelöst werden. Rein evolutionär. Es zeigt sich nämlich, daß das Problem schon mit der vor-darstellenden Funktion entsteht – und nur dort wirklich verständlich ist – und dann von der Darstellungsfunktion übernommen wird. Das Problem besteht schon auf dem Niveau der Auslösefunktion: Wenn es so etwas gibt wie Warnungsrufe, so beziehen sich diese Warnungsrufe auf eine bestimmte Art, eine bestimmte Klasse von Situationen. Gewöhnlich beziehen sich die Warnungsrufe auf bestimmte Gegenstände, sagen wir, einen Fuchs. Der Auslöseruf warnt, daß ein Fuchs kommt. Der rein biologisch, als Anpassung erklärbare Warnungsruf löst, ohne darzustellen, einen Reaktions*typus* aus. Er ist also schon abstrakt; er ist ein Schritt zur Darstellung. Er sagt: Jetzt besteht Gefahr, es gibt jetzt eine Situation, die typisch gefährlich ist. Er beschreibt also keinen Prozeß, schält aber etwas Abstraktes aus der Welt heraus. Aus solchen Sprachelementen wie Warnungsrufen entstehen Abstraktionen. Der Warnungsruf ist schon fast eine Beschreibung der Welt, und als Beschreibung schält er abstrakte Teile heraus, zum Beispiel »Fuchs« oder »Raubvogel«. Das sind Abstraktionen, die aus der Welt herausgeschält werden. Also dieses große Problem des Herausschälens aus der Welt von etwas Abstraktem, das durch die Darstellungsfunktion der spezifisch menschlichen Sprache entsteht, entsteht tatsächlich schon auf einem evolutionär früheren Niveau als dem Darstellungsniveau und wird vom Darstellungsniveau nur übernommen. Man kann nun die Sprache vergessen und glauben, die Welt selbst besteht aus Tatsachen, während es nur die Sprache ist, die diese Tatsachen erfindet – oder, im Falle einer wahren Darstellung, findet, entdeckt, aus der Wirklichkeit herausschält oder wie ein Scheinwerfer herausleuchtet, ohne dabei auf die beleuchtete Wirklichkeit einzuwirken. Die Wirklichkeit bleibt wie sie ist, und die Tatsachen können durch die Sprache nur aus der Wirklichkeit herausgeleuchtet, aber nicht verändert, nicht verzerrt werden, auch nicht durch falsche Darstellungen, denn diese stimmen eben mit den Tatsachen nicht überein: sie beschreiben Sachverhalte, die in der Wirklichkeit nicht zu finden sind. (Das Wahrheitsproblem wäre uninteressant, bezöge es sich nicht auf die Realität.)

Es ist eine bemerkenswerte Situation. Auf dem Niveau der Darstellungsfunktion oder der argumentativen Funktion, auf diesem hohen Sprachniveau, können wir nicht mehr durchschauen, wie es kommt, daß ein Satz einen abstrakten Sachverhalt erzeugt. Aber auf dem vorhergehenden Primitivniveau können wir es durchschauen. Wir können dann verstehen, daß das übernommen wird. Es gibt also Sachverhalte *vor* der Darstellung; das Abstrakte des Sachverhalts kommt eben schon bei der biologischen Warnung heraus; ja, bei jeder biologischen Anpassung, die ja die Anpassung an eine teilweise abstrakte Situation ist und eine Lösung eines Problems. Daß Gefahr besteht, ist eine Abstraktion. Ich halte das gerade vom Standpunkt der Evolutionären Erkenntnistheorie für eine der wichtigsten Einsichten. Es handelt sich hier um ein wichtiges, neues, aber bisher noch unbehandeltes Problem. Und dieses Problem ist wirklich dadurch lösbar, daß man die Evolution der menschlichen Sprache verständlich macht.

K: Dank der Mehrstufigkeit der Bühlerschen Sprachtheorie.

P: Dank der Bühlerschen Sprachtheorie oder, besser: dank der evolutionistischen Interpretation der Bühlerschen Sprachtheorie. Der evolutionäre Zusammenhang ist auch schon bei Bühler recht klar. Bühler gehört also zu den evolutionären Erkenntnistheoretikern – ein Dreiviertelwiener sozusagen. Und ich halte fest: Dieses Problem des Unterschiedes zwischen einem Sachverhalt und einem Prozeß, einem Vorgang, ist wirklich eines der tiefsten Probleme auf diesem Gebiet; sowohl in der Sprachtheorie wie auch in der Kosmologie.

Alle Uhren sind Wolken

K: Herr Professor, wir sollten bei der Beschäftigung mit den fundamentalen Problemen von Wirklichkeit und Sprache, also den Welt-1-Bezügen zu Welt 3, die Welt-3-Bezüge zur Welt 1 nicht vergessen: Die Offenheit der geistigen Welt wurzelt ja, Ihrer Auffassung nach, in der Offenheit der materiellen, der physikalischen Welt. Hier geht es vor allem um die Probleme, die durch Heisenberg aufgeworfen worden sind. Probleme der Quantenphysik, der Unschärfe im Innersten des Atoms, in der man auch Wurzeln der Offenheit, der Freiheit, der Unbestimmtheit, der Gesamtwelt vermuten kann.

P: Ja, das ist richtig. Aber die Situation ist folgende: Ich bin zwar ein Gegner des Determinismus, aber nicht wegen der Heisenberg-Relation.

K: Darauf sollten wir näher eingehen. Determinismus – die Auffassung, daß die Welt vorbestimmt, durchkonstruiert und in sich geschlossen ist.

P: Determinismus ist im wesentlichen die Theorie, daß alles, was in der Welt geschieht, wie in einem idealen Uhrwerk abläuft. Demgegenüber glaube ich, daß die Abläufe in der Welt nicht vollkommen vorbestimmt sind. Meine Hauptargumente sind im wesentlichen die menschlichen Erfindungen. Es ist mir ziemlich klar, daß im Urnebel, der Billionen von Jahren zurückliegt, ein Auto oder ein Flugzeug oder ähnliche Dinge nicht schon vorausbestimmt und vorauskonstruiert waren, sondern daß die erst durch den menschlichen Geist in die physische Welt 1 hereingekommen sind.

K: Sie haben das einmal mit einem sehr eindrucksvollen Bild gesagt: Es geht um die Frage, ob alle Wolken Uhren oder ob alle Uhren Wolken sind. Das Gegenteil der Uhr in dem Sinn ist also die Wolke.

P: Ja, das Gegenteil der Uhr ist die Wolke, die wir offenbar nicht vorausbestimmen können wie die Uhr. Natürlich ist das nur ein Symbol. Die eine Theorie sagt: Würden wir nur die Wolken besser kennen, so gut wie die Uhren, so könnten wir sie komplett vorausbestimmen. Die andere Theorie sagt: Würden wir die Uhren näher und näher untersuchen, so würden wir entdecken, daß sie eigentlich Elektronenwolken sind oder Wolken von Elementarteilchen, die nicht voll vorausbestimmt sind und in denen auch alle möglichen Dinge geschehen, die nicht vorauszusehen sind; daß also nur die makroskopische Größe der Uhr uns dazu verhilft, eine Uhr als einigermaßen vorausbestimmbar anzusehen.

K: Also alle Uhren sind Wolken.

P: Ja. Ich bin wie Heisenberg und andere Quantenphysiker der Ansicht, daß alle Uhren Wolken sind.

K: Und das ist der Indeterminismus.

P: Das ist der Indeterminismus. Daß also Dinge geschehen, die nicht voll vorausbestimmbar sind, und daß diese Dinge uns irgendwie den Spielraum lassen, in die Welt einzugreifen. Wenn die Welt vollkommen vorausbestimmbar wäre, wäre Offenheit gegenüber dem menschlichen Geist nicht möglich. Ich nehme also an, die Welt 1, die Welt der Physik, ist offen gegenüber der Welt 2, beeinflußbar von der Welt 2, und daß die Welt 2 ihrerseits wieder offen ist gegenüber der Welt 3, die natürlich wieder offen ist gegenüber der Welt 2 und dadurch auch gegenüber der Welt 1. Dazu noch etwas. Ich muß erklären, wie diese Stellungnahme von der der Quantenphysiker, speziell von Heisenberg und Bohr, abweicht. Ich vermute, daß ich mit ihnen übereinstimme, wenn ich sage, daß alle Uhren Wolken sind, und wenn ich annehme, daß die physische Welt 1 durch unser Wollen, in Verbindung mit unserem Vermutungswissen, beeinflußt werden kann – etwa durch das Planen des Baues eines Meßapparates und durch eine Messung. Aber ich leugne, daß die Welt 1 durch unsere bloße Kenntnisnahme eines Messungsergebnisses beeinflußt werden kann (wie es die Anhänger von Heisenberg behaupten). Und ich leugne, daß die Quantenmechanik auch nur das Geringste über das subjektive menschliche Wissen, also über die Welt 2, aussagen kann: Ich behaupte (im Gegensatz zu Heisenberg), daß sie *nur* über die Welt 1 spricht. Und ich nehme an, daß der Kosmos als ganzer von unserem Tun und Lassen weniger beeinflußt wird als unser Körper von der Berührung mit einer Feder. Selbst wenn es uns gelingen sollte, mit Hilfe unseres großen Vermutungswissens und unserer noch größeren Unwissenheit, unsere Sonne eines Tages in eine Supernova zu verwandeln, selbst dann würde es einen Kosmos geben, der weitgehend unabhängig von uns ist. Die Betonung dieses Punktes ist ein wichtiger Teil dessen, was ich Realismus nenne. Diese Unabhängigkeit des Kosmos von uns geht bei Heisenberg verloren.

K: Dieser Punkt, und ich sehe darin den Höhepunkt Ihrer Autobiographie, war doch auch ein wesentlicher Teil des großen Gesprächs, das Sie mit Albert Einstein geführt haben.

P: Ja. Einstein hat, meiner Meinung nach, wenigstens bis zu diesem Gespräch, seinen Realismus und seinen Determinismus einigermaßen vermischt und nicht klar genug auseinandergehalten. Ich hatte mir, als ich Einstein traf, vorgenommen, einen

Versuch zu machen, Einstein zu überzeugen, daß sein Realismus und die entsprechende Ablehnung der Kopenhagen-Interpretation der Quantentheorie ...

K: Der Realismus, der ihn ja mit Ihnen verbunden hat.

P: Ja, daß sein Realismus also richtig, sein Determinismus jedoch eine andere Sache ist. Erstens einmal ist er nicht so wichtig wie der Realismus und zweitens möglicherweise falsch. Der Determinismus kann falsch sein. Ich denke, daß er falsch ist, und ich habe versucht, Einstein gegenüber Gründe dafür anzuführen; vor allem auch dafür, daß der Determinismus nicht so wichtig ist. Mein Glaube, daß er falsch ist, ist teilweise natürlich mit meinem Glauben verbunden, daß der Mensch schöpferisch handeln kann, also etwas in die Welt bringen kann, was vorher nicht da war, was meiner Meinung nach mit dem Determinismus nicht vereinbar ist. Das war der Hauptgrund.

K: Einstein ging es dabei um die Geschlossenheit der Physik ...

P: Einsteins eigene Theorie war eine Feldtheorie. Einstein war stark von Faraday und Maxwell beeinflußt. Vor allem von der Maxwellschen Feldtheorie. Es ging ihm hauptsächlich darum, die Feldtheorie auf die ganze Physik auszudehnen, und diesen Versuch hat er bis zum Ende seines Lebens fortgesetzt. Das war sein Versuch, eine einheitliche Feldtheorie ...

K: ... elektromagnetische und Gravitationsfelder in einem zu erklären.

P: Ja, aber eine Schwierigkeit in diesem Versuch war, daß, auch wenn es gelingt, Elektromagnetismus und Gravitation als einheitliche Feldtheorie darzustellen, damit noch immer nicht gesagt ist, daß auch die sogenannten Kernkräfte so dargestellt werden können. Das ist eine dritte Kategorie von Kräften (oder eine vierte, wenn wir auch die schwachen Kräfte zählen), die erst entdeckt wurde, nachdem Einstein sein Programm der Feldtheorie ziemlich weit ausgebaut hatte.

K: Und was Ihr Anliegen betrifft, Einstein zu beeinflussen, Ihre Auffassung von der indeterministischen Sicht zu akzeptieren oder sich mit ihr positiv auseinanderzusetzen – haben Sie damit Erfolg gehabt?

P: Vielleicht. Ich weiß es nicht. Damals schien er mir zuzustimmen, wenn auch etwas zögernd. Jedenfalls glaube ich, daß Einstein gesehen hat, daß die Hauptsache der Realismus ist. Das glaube ich schon. Und er war ja auch schon vorher Realist. Und wie wichtig die realistische Stellungnahme ist, die man auch in der Quantentheorie nicht preisgeben darf.

K: Das zweite große Thema war Einsteins Auffassung von der Zeit. Von der In-sich-Geschlossenheit oder der Offenheit der Zeit. Wir haben davon in bezug auf Boltzmann gesprochen.

P: Auch das hängt mit dem Realismus zusammen. Wenn wir den Realismus ernst nehmen, wenn wir ernst nehmen, daß es eine Welt gibt, die vom Menschen unabhängig ist, müssen wir auch annehmen, daß sich diese Welt unabhängig vom Menschen entwickelt. Da kommt wieder die Biologie herein. Die Entwicklung wird durch die Biologie etwas ungeheuer Wichtiges, und damit wird die Realität der Zeit etwas ungeheuer Wichtiges. Man könnte die Richtung der Zeit in der Physik, wenn man die Biologie wegdenkt, umdrehen. Schließlich gibt es physikalische Theorien, die mit dem Urknall anfangen und mit dem Zusammenbruch der Welt in ein Nichts aufhören, so daß die Welt, wenn man die Richtung der Zeit umdreht, nicht so sehr verschieden wäre von unserer Welt.

K: Die Pulsationstheorie: Die Welt explodiert hundert Milliarden Jahre auseinander und fällt hundert Milliarden Jahre wieder in sich zusammen ...

P: Das ist eine gewisse Symmetrie in der Zeit, in beiden Richtungen der Zeit. In der Physik ist die Richtung der Zeit vielleicht nicht so wichtig. Ob jetzt die Entropie, der Ordnungszustand der Energie, zunimmt oder abnimmt, spielt in der Physik vielleicht eine verhältnismäßig untergeordnete Rolle. Aber in der Biologie wird es unendlich wichtig, daß die Zeit eine bestimmte Richtung hat und daß das auch ein Teil der Wirklichkeit ist, in der sich die Geschichte des Lebens abspielt.

K: Und was war die Auffassung Einsteins? Daß die Zeit sich in sich selber schließt? Daß extreme Zukunft extreme Vergangenheit sein kann?

P: Einsteins Auffassung war, daß die Zeit eine Art vierte Raumdimension ist. Und daß wir uns daher die Welt sozusagen als zeitlos vorstellen können, als ein vierdimensionales Gebilde, das nicht noch weiter in irgendeiner Zeit abläuft. Also die Zeit würde zwar von uns so erlebt werden, daß wir immer nur in einer Richtung in der Zeitdimension fortschreiten können – aber das wäre unsere subjektive Ansicht der Zeit und nicht im Wesen der Zeit begründet.

K: Sie haben in diesem Gespräch Einstein mit »Parmenides« angesprochen.

P: Ja, Parmenides hat auch eine zeitlose Welt gehabt. Das Weltbild des Parmenides war zeitlos: Nichts geschieht. Nur war die Welt des Parmenides dreidimensional. Ich habe Einstein also gefragt, ob er dem zustimmt, daß er eine Art vierdimensionaler Parmenides ist, und er hat gesagt: Ja. Immer wenn dieses Problem ins Zentrum rückte, habe ich »Parmenides« zu ihm gesagt.

K: Glauben Sie, daß Sie in diesem Punkt Einstein irgendwie verunsichert, nachdenklich gemacht oder sonst irgendwie angeregt haben?

P: Das kann ich nicht sagen. Er hat mir jedenfalls sehr gut zugehört. Er hat auch keine Gegenargumente entwickelt.

K: Ich glaube, wir kommen zu einem guten Schluß, wenn ich Sie bitte zusammenzufassen und zu sagen, wie Sie selbst nun diese zwei Grenzfragen der Physik, die ja mit der Frage der Offenheit der Welt, des Kosmos, des Universums zu tun haben, wie Sie diese letzten Fragen sehen. Denn auf denen beruht ja letztlich Ihre Überzeugung, daß dies eine offene Welt, eine Welt der potentiellen Freiheit und der Entwicklung ist, in der wir die Möglichkeit der Wahl haben, in der wir immer neue Entwürfe machen können, die wir dann widerlegen und durch bessere Entwürfe ersetzen können.

P: Ich glaube, Sie haben das selbst jetzt schon sehr gut dargestellt. Ich glaube, daß der Welt insofern ein Sinn zugeschrieben werden kann, als sie den Rahmen bildet, in dem wir unser Leben selbst gestalten können und, bis zu einem gewissen Grad, auch gestalten. Natürlich immer innerhalb gewisser Grenzen. Aber es ist ein Rahmen, in dem wir unser Leben merkwürdig frei und persönlich gestalten können und in dem wir auch auf die weitere Entwicklung der Welt, wenn auch in einem ganz kleinen Bereich der Welt, einen gewissen Einfluß nehmen können. Wir haben damit also eine ganz große Verantwortung in diesem Leben. Nicht nur für uns, sondern für unsere Mitmenschen und durch unsere Mitmenschen. Eine Verantwortung für einen kleinen Bereich dieser großen Welt.

(Erster Teil des Anfang August 1979 geführten Gesprächs ausgestrahlt am 2. November 1979, zweiter Teil am 3. November 1979; ergänzende Gespräche auf Band: Juni 1981, April 1982.)

Rupert Riedl

Evolution und Erkenntnis

Antworten auf Fragen aus unserer Zeit
360 Seiten. Serie Piper 378

Kultur – Spätzündung der Evolution?

Antworten auf Fragen an die Evolutions- und Erkenntnistheorie
355 Seiten. Geb.

»Kultur – Spätzündung der Evolution?« knüpft unmittelbar an »Evolution und Erkenntnis«, das erfolgreiche Buch des Wiener Biologen, an. Riedl zeigt, daß die evolutionäre Erkenntnistheorie in fast allen Bereichen der menschlichen Kultur grundlegende Antworten geben kann. Mit ihrer Hilfe können wir unsere durch die Zivilisation überholten Anschauungsformen korrigieren. Dies wird, so der Autor, eine Bedingung unseres Überlebens sein.

Die Ordnung des Lebendigen

Systembedingungen der Evolution
Mit einem Vorwort zur Neuausgabe. 467 Seiten mit 317 Abbildungen und 7 Tabellen

Für den Wiener Zoologen Rupert Riedl war neben der Erforschung von Meerestieren die Evolutionstheorie immer ein Hauptthema seines Forschens und Nachdenkens. In diesem Buch setzt er sich mit dem Mechanismus auseinander, der die Gesetzmäßigkeiten der Evolution, dabei auch die Großabläufe der Stammesgeschichte, also die »Ordnung des Lebendigen« erklärbar macht.

Die Strategie der Genesis

Naturgeschichte der realen Welt
381 Seiten mit 106 Zeichnungen. Geb. (Auch in der Serie Piper 290 lieferbar)

»... auffallend ist die Selbstverständlichkeit der Erhellung von Zusammenhängen, die noch vor kurzem jedem Erklärungsversuch trotzten... Das ganze Gebäude strebt dem Rang einer ›abgeschlossenen Theorie‹ entgegen...« Die Weltwoche

Der Wiederaufbau des Menschlichen

Wir brauchen Verträge zwischen Natur und Gesellschaft
228 Seiten. Geb.

Rupert Riedl knüpft mit seinem neuen Buch bewußt an den vieldiskutierten »Abbau des Menschlichen« von Konrad Lorenz an. Riedl zeigt hier konkret, welche Konsequenzen aus den lebensbedrohenden Auswirkungen der technokratischen Massenzivilisation zu ziehen sind: Durch das Lernen aus negativen Erfahrungen kann der »Wiederaufbau des Menschlichen« gelingen – durch Lernschritte der Bürger, ihrer Institutionen und des Staates.

PIPER